Clara·Mente

Una guía sencilla y eficaz para aprender a
MEDITAR

Si este libro le ha interesado y desea que lo mantengamos
informado de nuestras publicaciones, puede escribirnos a
comunicacion@editorialsirio.com,
o bien suscribirse a nuestro boletín de novedades en:
www.editorialsirio.com

La información contenida en este libro se basa en las investigaciones y experiencias personales y profesionales del autor y no debe utilizarse como sustituto de una consulta médica. Cualquier intento de diagnóstico o tratamiento deberá realizarse bajo la dirección de un profesional de la salud.

La editorial no aboga por el uso de ningún protocolo de salud en particular, pero cree que la información contenida en este libro debe estar a disposición del público. La editorial y el autor no se hacen responsables de cualquier reacción adversa o consecuencia producidas como resultado de la puesta en práctica de las sugerencias, fórmulas o procedimientos expuestos en este libro. En caso de que el lector tenga alguna pregunta relacionada con la idoneidad de alguno de los procedimientos o tratamientos mencionados, tanto el autor como la editorial recomiendan encarecidamente consultar con un profesional de la salud.

Título original: Clara-Mente, una guía sencilla y eficaz para aprender a meditar
Diseño de portada: Editorial Sirio, S.A.

© de la edición original
 Mª Luisa Ramos (Alma Dyvia) 2016

© de la presente edición
 EDITORIAL SIRIO, S.A.

EDITORIAL SIRIO, S.A.	**NIRVANA LIBROS S.A. DE C.V.**	**DISTRIBUCIONES DEL FUTURO**
C/ Rosa de los Vientos, 64	Camino a Minas, 501	Paseo Colón 221, piso 6
Pol. Ind. El Viso	Bodega nº 8,	C1063ACC
29006-Málaga	Col. Lomas de Becerra	Buenos Aires
España	Del.: Alvaro Obregón	(Argentina)
	México D.F., 01280	

www.editorialsirio.com
sirio@editorialsirio.com

I.S.B.N.: 978-84-16579-06-8
Depósito Legal: MA-647-2016

Impreso en Imagraf Impresores, S. A.
c/ Nabucco, 14 D - Pol. Alameda
29006 - Málaga

Impreso en España

Puedes seguirnos en Facebook, Twitter, YouTube e Instagram.

Alma Dyvia

Clara·Mente

Una guía sencilla y eficaz para aprender a
MEDITAR

EDITORIAL
SIRIO

*Dedicado a la memoria de mis padres, Marisa y
Feli, seres de luz que me dieron la vida.*

*A mis hermanos Pablo y Miguel que constantemente
me ofrecen su amor incondicional.*

*A mi hijo Diego, cuya sabiduría
innata honro y admiro.*

El secreto de la libertad humana es actuar bien, sin apego a los resultados.

BHAGAVAD GITA

Prólogo

Este libro que tienes en tus manos seguramente te habrá llegado por azar, pero puede cambiarte la vida. Muy a menudo aparece ante nosotros, en momentos precisos, aquello que necesitamos, por lo que debemos reconocerlo como una oportunidad que se presenta bajo la forma de una lectura, de un encuentro o de un cambio existencial. Para mí, después de graves problemas de salud, esta oportunidad fue el encuentro con Alma y su gran amistad después. Su personalidad luminosa y profundamente intuitiva me ayudó a superar un momento de crisis vital. Ella me inició en el camino de la meditación, ¡ni más ni menos! Con sencillez y humildad, me ha mostrado las diferentes técnicas meditativas que aprendió a lo largo de sus muchos años como profesora de yoga y como meditadora en sus diferentes estancias en la India, de la mano de los diversos maestros que ha conocido. Profesora titular de Arqueología en la Universidad de Cantabria, ha encontrado también en las capas profundas de la cultura universal el lado espiritual que tiene todo ser humano y que le empuja a conocer su propia naturaleza divina.

Paradójicamente, en lugar de vivir el presente, las personas mal informadas tienden a dejarse llevar por sus pensamientos en una rumiación mental incesante de problemas. La meditación es el medio adecuado para frenar esta actividad, al permitirnos ser más conscientes de nuestro cuerpo y de nuestra mente.

La meditación existe desde hace varios miles de años en la tradición budista, cuyos monjes han sabido guardarla viva hasta nuestros días. Pero las técnicas meditativas las encontramos también en Occidente bajo diferentes aspectos en la antigüedad y así mismo en las tres grandes religiones monoteístas, por lo que hemos de considerar la meditación como patrimonio común de la humanidad.

El budismo en particular tiene dos tipos de meditación, denominadas en la lengua pali como *vipassana* y *samatha*. *Vipassana* o «visión interior» corresponde a la consciencia de aquello que vivimos momento a momento en el presente. Y *samatha* o «tranquilidad espiritual» conduce a la mente a concentrarse en un único objeto, lo que conlleva paz mental.

Hace falta comprender que la meditación es un modo de vida, una forma de estar en el mundo. El despertar y la realización de ciertas técnicas de meditación tienen como resultado una relajación, una forma de estar bien con uno mismo y encontrarse en paz. Se han asociado en ocasiones a reducciones cognitivas, para constituir unos verdaderos protocolos terapéuticos válidos científicamente,[1] que constituyen hoy en día la tercera generación de terapias cognitivo-conductuales.

---

1. MBSR –Mindfulness Based Stress Reduction– del doctor Jon Kabat Zinn y MBCT –Mindfulness Based Cognitive Therapy– del Dr. Zindel Segal.

El término meditación, procedente de la misma raíz que medicina, designa el conocimiento a través de la cultura de la atención, del surgimiento de una mente clara, es decir, esa función psíquica susceptible de englobar sin prejuicios y con benevolencia todas las sensaciones y percepciones pero también pensamientos, emociones, motivaciones y acciones. La consciencia así definida puede entonces considerarse como un sexto sentido, a veces simbolizado por el tercer ojo.

Meditar es vivir en el presente, mientras se está conectado con el mundo, no de una forma conceptual, pero como si el mundo exterior y el «ser» (interior) no estuvieran separados («estado de flujo»). Es esa situación que todos hemos conocido alguna vez de forma fugaz, delante de una obra de arte o frente a una puesta de sol, por ejemplo. Meditar no requiere que tengamos ninguna cualidad en especial y no consiste tampoco en buscar estados alterados de consciencia, como aquellos que nos producen las sustancias psicodélicas. Meditar no implica adherirse a una religión, cualquiera que sea; es, ante todo, una práctica laica.

Meditar es ser consciente de nuestra presencia en el mundo, aquí y ahora, instante a instante, sin ninguna otra finalidad, sin esperar nada más. Y luego por supuesto los efectos benéficos se dejarán notar.

Meditar no consiste en esperar conseguir uno u otro estado de calma, sabiduría, éxtasis o desarrollo personal; se trata de una práctica que consiste en no hacer nada. No hay que salir de la realidad sino, por el contrario, recrear un espacio interno de amor y encuentro con uno mismo, porque ¿cómo seremos capaces de amar a los otros si no nos amamos a nosotros mismos? La meditación implica, en efecto, el desarrollo de la compasión hacia uno mismo primero y hacia todo lo que nos rodea, después. La presencia en el mundo consiste en acoger los buenos momentos como los malos, el placer como el sufrimiento, sin engancharnos a uno u otro.

Si el budismo lo ha introducido en gran parte en Occidente Chögyam Trungpa, la meditación de la «plena consciencia» (justa atención o *samma sati* en sánscrito) la desarrolló en Francia en los años setenta un monje budista vietnamita, Thich Nhat Hanh, fundador de una comunidad en el sudoeste francés que se iluminó viviendo plenamente su presencia, gracias a la vigilancia y a la atención, para ayudar a sus conciudadanos a salir adelante en el desgarrador período de la guerra. Al respecto escribió un libro, *El milagro de la plena atención consciente*; en opinión de su autor, tener «plena consciencia» sobre lo que hacemos puede transformar el mundo. Años después Jon Kabat-Zinn, profesor de Medicina en la Universidad de Massachusetts y un gran apasionado de la cultura oriental y de las tradiciones budistas, fundó la Clínica de Reducción del Estrés en 1979 y posteriormente, en 1995, el Centro para el *Mindfulness* en Medicina, Salud y Sociedad. Kabat-Zinn definió *mindfulness* como «*el estado consciente que se desarrolla tomando atención de forma deliberada en el momento presente, sin juicios de valor*».

La plena consciencia ha servido de base en las nuevas formas de terapia indicadas para el dolor crónico, y en particular para los problemas ligados al estrés, que se han desarrollado muy rápidamente, gracias a las investigaciones de Zindel Segal, profesor de Psicología de la Universidad de Toronto. En 1990 Kabat-Zinn reunió el movimiento instaurado en 1987 por Francisco Varela, investigador en neurociencia; Adam Eagle, hombre de negocios, y el Dalái Lama, en el seno del Instituto

Mente y Vida que organiza encuentros interdisciplinares con el fin de promover investigaciones científicas sobre las tradiciones meditativas. Estas investigaciones fueron multiplicándose por iniciativa del profesor Richard Davidson, creador de la neurociencia afectiva, en la Universidad de Madison, Wisconsin, junto con otros investigadores a nivel mundial. Los avances en estos programas de neurociencia contemplativa dieron lugar a la publicación de la obra *L'esprit est son prope médecin*.

Como médico, psiquiatra y psiquiatra infanto-juvenil, mi encuentro con la meditación me ha confirmado que no son las medicinas o las terapias las que curan, sino el propio paciente que moviliza sus defensas para sanarse a sí mismo. Desde esta perspectiva el terapeuta no es más que un mero catalizador, un facilitador de la curación. Yo mismo, con la ayuda de mi colega Catherine Alexandre, he desarrollado, con indudable éxito, un programa destinado a los adolescentes de entre doce y dieciocho años que presentan problemas ansio-depresivos.

Cultivar la plena consciencia consiste en constatar, sin oponerse, las sensaciones corporales y sus tensiones —más o menos dolorosas—, las percepciones sensoriales inevitables que nos rodean, el encadenamiento incesante de pensamientos y emociones —permitiendo que los miremos como nubes que pasan por el cielo, sin engancharnos a ninguno de ellos—, pero así mismo vivir conscientemente, evitando los comportamientos automáticos que adoptamos en nuestra vida cotidiana, sin ser verdaderamente conscientes de lo que hacemos y que tienden a hacer de nosotros verdaderos autómatas que no reaccionamos de manera consciente ante lo que nos rodea.

La «atención plena» es la energía que está aquí y ahora, prestándote atención a ti mismo, sobre todo en los aspectos claves del cuerpo como la respiración, por ejemplo. Se trata de liberarse de la rumiación mental sobre situaciones que hemos vivido en el pasado, o que anticipamos del futuro, en beneficio del momento presente, que pone en espera el modo «hacer», reemplazándolo por el modo «ser».

La meditación en la tradición budista es darse cuenta de que la fuente del sufrimiento está en nuestro interior y no es el resultado de las causas externas. La meditación logra ese nivel de consciencia donde los pensamientos y emociones que están más o menos asociados se observan sin implicarnos en ellos, en lugar de tratar de huir de nuestro dolor psíquico o físico, que enferma a nuestro cuerpo y a nuestra mente.

Para llevar a cabo esta vida meditativa, como dice Alma, nada mejor que practicar con regularidad o espontáneamente, cuando surge la necesidad, los variados ejercicios que en esta obra se ofrecen.

DR. MICHEL HÉNIN
Ex Director General de Hospitales de psiquiatría
infantil y juvenil de Francia.
Jefe de Psiquiatría Infantil en el Hospital de Blois.
Diplomado en Medicina, Meditación y Neurociencia
(Universidad de Estrasburgo).

Introducción

Este libro surge de una serie de conferencias sobre la meditación, acompañadas de talleres, realizadas en diferentes lugares de España y Francia. Acostumbrada a explicar a los neófitos «qué es la meditación» y «cuáles son sus ventajas», algunos alumnos me pidieron que plasmara en un libro todas esas enseñanzas que suelo impartir en un fin de semana. Los cursos realizados se han desarrollado para el público en general y para los profesionales de la salud en particular, en diferentes hospitales de Francia.

El título de este libro, *Clara-Mente*, hace referencia a lo que nos muestra últimamente la ciencia sobre el estado meditativo, que se ha dado en llamar el cuarto estado de consciencia, diferenciándolo del estado de vigilia, sueño o fase REM, en la que nuestra mente tiene diversos sueños. Se trata de un estado profundo de descanso, en el que reposamos más que cuando dormimos. En ese estado nuestra mente da muestras de una única actividad cerebral electrofisiológica, es decir, una actividad mental clara y ordenada, con una coherencia máxima. Esto es muy importante, ya que está relacionada con la inteligencia, la creatividad y las habilidades de aprendizaje, además de mostrar una estabilidad psicológica y una madurez emocional. En palabras del físico cuántico John Hagelin: «Todo lo bueno que tenga una mente depende de su actividad ordenada».

Con las diversas técnicas meditativas que se van a mostrar aquí, conseguiremos que la mente se desconecte por unos momentos de su habitual manera de reaccionar frente al mundo exterior.

A día de hoy, tenemos conocimiento de que el cerebro es plástico y sigue creando nuevas redes neuronales (sinapsis) cada vez que aprende algo diferente. Pues bien, el hecho de meditar estimula las neuronas originando nuevos caminos que provocan en nuestro cerebro sentimientos de bienestar, tranquilidad, ánimo, alegría y muchas otras emociones relacionadas con la felicidad. Para que estos sentimientos perduren y sean cada vez más intensos y duraderos, es necesario practicar regularmente la meditación e incluirla en nuestra rutina diaria, como un elemento más de nuestra higiene personal, en este caso imprescindible para tener una correcta salud mental.

El propósito de este libro es el de ofrecer una visión clara de lo que significa meditar y sus beneficios, para todas aquellas personas que nunca lo hayan hecho anteriormente. Se trata de una obra sencilla, dividida en tres partes. La primera hace referencia al significado de la meditación, en la que se recogen los diversos testimonios de maestros experimentados y se explica de una forma concisa cuáles son las diversas etapas por las que transitamos al meditar. Se habla también de sus

grandes beneficios y se ofrecen las diversas evidencias científi-
ficas descubiertas al respecto.

En la segunda parte, se muestra qué sucede cuando la
meditación forma parte de nuestra vida, en la que además de
potenciar nuestra intuición, aumenta nuestra creatividad y nos
convierte en seres resolutivos en el devenir de nuestras experiencias vitales, o lo que es lo mismo, dejamos de dudar sobre
lo que más nos conviene.

En la tercera y última parte, se explican diversos ejercicios meditativos para que puedan ser incluidos en tu día a
día, sin necesidad de dedicarles un gran tiempo extra, que en
muchas ocasiones no se tiene o es difícil de hallar. Para que la
práctica sea más sencilla y eficaz, hemos creado unos audios
que te ayudarán a realizar numerosos ejercicios meditativos
guiados. Están disponibles en la página web de Editorial Sirio (www.editorialsirio.com) y también en Youtube (goo.gl/
GsvXos) y en iVoox (goo.gl/98jjfr).

Por último, se ofrece una bibliografía sobre algunos de
los numerosos libros escritos sobre la meditación y se añade
un apartado de autores musicales que ofrecen piezas relajan-
tes para que puedas escucharlas durante tu práctica.

La grandeza suele aparecer
cuando nos detenemos a ver
las pequeñas cosas.

ANÓNIMO

PRIMERA PARTE
Algunos aspectos sobre la meditación

El viaje espiritual no es un viaje de
descubrimiento. Es un viaje de recuperación.
Un viaje de descubrimiento de tu propia
naturaleza interna.

BILLY CORGAN

Qué es meditar

Explicar en qué consiste la meditación es algo complejo y arduo, ya que es como intentar poner palabras a nuestros sentimientos: siempre nos quedaremos cortos. Imagínate que estoy comiendo una jugosa sandía y tú, que jamás la has probado, me preguntas: «¿A qué sabe?». Indudablemente, yo puedo intentar explicártelo, pero siempre me quedaré corta, por eso te diré que es mejor que la pruebes. Eso es lo que voy a tratar de hacer por medio de este libro que tienes en tus manos.

Muchos son los diversos autores que han definido lo que significa meditar, y aquí voy a recoger algunas definiciones para que te vayas aproximando al gusto de esa sandía imaginaria. Desde la definición más antigua, de Patanjali, pensador hindú autor de los *Yoga sutras,* importante texto sánscrito compuesto por aforismos (sutras) acerca del yoga, que vivió en torno al siglo III a. de C. hasta los pensadores actuales:

La meditación es el cese de las fluctuaciones mentales
PATANJALI

Meditar es vivir en el presente, sin diálogo interno, sin pensamientos ni deseos, solo con la consciencia del «aquí y ahora».
MAESTRO ZEN REKURY

Meditar es descubrir nuevas posibilidades y despertar a la capacidad de vivir de un modo más sabio, amoroso, compasivo y pleno.
JACK KORNFIELD

La verdadera meditación no implica dominar ninguna técnica, sino dejar de controlar.
ADYASHANTI

Meditar es el arte de acallar el cuerpo para aquietar la mente.
K. G. DÜRCKHEIM

Para meditar hay que atravesar amplios ámbitos de profundo silencio. Es entonces cuando surge la serenidad y la paz.
CONSUELO MARTÍN

La meditación es una práctica que permite cultivar y desarrollar ciertas cualidades humanas fundamentales.
MATTHIEU RICARD

La meditación se centra en vivir el presente con atención plena.
THICH NHAT HANH

La meditación es un estado excepcional de cognición. Los objetos se conocen sin que se requiera necesariamente la intervención de los sentidos físicos..., lo que da pie a una experiencia de totalidad sin límites.

SESHA

La meditación crea espacio y silencio interno para que tu propia naturaleza pueda empezar a florecer; así mismo te hace vivir según tu sabiduría y tu inteligencia natural.

OSHO

Meditar es un espacio para poder detenerse y darse cuenta de lo que está pasando en nuestro interior. Es, simplemente, el ejercicio de estar presente, de observar, sin juicios... Nos permite abrir el espacio necesario para ver con claridad.

CONSTANZA GONZÁLEZ

Además de leer estas definiciones sobre la meditación, es importante saber qué ocurre cuando meditamos por primera vez. Al principio se hacen más presentes nuestros pensamientos, por lo que debemos pasar a ser simples observadores mientras pasan por nuestra pantalla mental, como si fueran nubes en el cielo, no aferrándonos a ellos. Luego llegaremos a percibir que entre cada uno de los pensamientos, existen unos pequeños intervalos, al principio prácticamente inexistentes. La meditación consiste en ir amplificando esos espacios, lo que permitirá a la mente interrumpir por unos instantes su ajetreado programa mental, obteniendo el ansiado descanso. Además, con el paso del tiempo, observaremos cómo dichos intervalos se van agrandando, hasta permitirnos mirar a nuestro interior sin juicios de valor. Es como un cielo nublado (pensamientos) que no nos deja ver el sol (Ser esencial), salvo cuando las nubes se van apartando lentamente y permiten que sus rayos nos iluminen.

Para Julián Peragón, la meditación también puede considerarse como un gran lago que nos habla de cómo se encuentra nuestro Ser y de lo que puede ir necesitando. Por eso es preciso primero calmar nuestra mente de emociones y pensamientos para ver lo que hay dentro: «Sin duda la primera estrategia de la meditación es calmar, dejar de remover las aguas internas de nuestro lago y esperar a que la superficie esté en calma para poder ver el fondo».

La meditación se considera más reparadora que el propio sueño nocturno. Meditar durante treinta minutos puede equivaler a varias horas de sueño profundo.

Con la técnica meditativa, conseguiremos silenciar a la mente de su constante parloteo. También potenciaremos el lóbulo prefrontal derecho, sede de la creatividad y los pensamientos positivos que producen nuestro bienestar. Científicamente, está demostrado que en esta zona, cuanto más meditamos (con un mínimo de media hora todos los días durante tres meses), más conseguimos aumentar el cuerpo calloso o materia gris.

Es importante tener en cuenta que al igual que nutrimos nuestro cuerpo con alimentos saludables, es imprescindible que cuidemos de nuestra mente, para que descanse y elabore pensamientos positivos que nos hagan vivir más plenamente.

Como decía Buda: «Más vale un gramo de práctica que cien toneladas de teoría». Y es fundamental que cada uno pruebe lo que le sucede cuando medita y las ventajas que va obteniendo al hacerlo. Definir lo que es la meditación resulta tan complejo como definir a qué sabe la sandía y por eso es necesario que cada uno la pruebe, para que perciba su sabor. Por lo tanto, en este libro voy a enseñarte diferentes técnicas meditativas sencillas, que puedes ir utilizando en función de tus gustos o necesidades a lo largo de tu jornada.

Matthieu Ricard, considerado por la Universidad de Wisconsin como el hombre más feliz del mundo y autor de *El arte de la meditación*, explica que la meditación fomenta la felicidad y combate la falta de concentración, la depresión, la fatiga, el mal humor y los dolores musculares y de cabeza, que son producto del estrés,[1] al cual se le atribuyen muchos de los males que atacan a nuestra sociedad actual.

La meditación es la cualidad que se desarrolla al vivir intencionadamente en el momento presente, lo que le da a cada instante vivido una consciencia más clara de los pensamientos, de las emociones y de nuestro cuerpo físico. Y unifica estos tres cuerpos (mental, emocional y físico), hasta el punto de que los sentimientos relacionados con la atracción/repulsión, que nos separan radicalmente de los demás y del mundo, manteniendo el sentido del yo (ego), se unifican haciéndonos conscientes de que formamos parte de un «Todo», en un sentido más amplio.[2]

---

1. El estrés consiste en un estado prolongado de tensión del organismo, el cual se ve en la obligación de poner en acción todas sus defensas ante una situación de desequilibrio disfuncional. Cuando aparece una crisis, sus síntomas son momentos temporales de ansiedad, con dolores y molestias en el estómago, tensión nerviosa injustificada, tristeza sin razón aparente y decaimiento físico en general. Puede presentarse en forma de dolor de cabeza, ansiedad, agitación o simplemente como un estado nervioso superior al normal.
2. Doctor Michel Hénin.

La unidad de la vida ahora es ya un hecho científico. Algunos investigadores[3] reconocen el principio de unidad como la base de la diversidad del universo, lo que denominan «campo unificado» o «campo mórfico». La física cuántica lo explica de este modo: existe una unidad entre todos los seres y aunque cada uno de nosotros tenemos nuestra propia singularidad, si profundizamos un poco más a nivel molecular, observaremos que hay menos diferencias, y si aún vamos más allá, a nivel atómico, habrá aún menos diversidad, a nivel nuclear aún menos, y a nivel subnuclear menos todavía, ya que a esa escala subyace la unidad entre todos los seres vivos.

La meditación nos ayuda a tener una consciencia tranquila y evita la secuencia de pensamientos, reflexiones y expectativas. El resultado es un mejor enfoque, en lo que hacemos en el momento presente, «aquí y ahora». Las emociones no reprimidas se muestran cada vez menos activas y menos influyentes en las acciones que llevamos a cabo. La consciencia de las sensaciones corporales y sus percepciones, desde la perspectiva de la aceptación, pueden aumentar inicialmente nuestras tensiones, pero después con la práctica se reducirán, provocando un efecto de relajación.

Aceptar que lo único permanente es el cambio y que todo lo que nos rodea está en constante movimiento, crea menos resistencias y nos hace más flexibles ante las situaciones que vivimos, lo que supone un ahorro considerable de energía psíquica, al mismo tiempo que desarrollamos nuestra intuición y el pensamiento creativo.

---

3. John Hagelin (físico) y Rupert Sheldrake (biólogo etólogo), entre otros.

Beneficios de la meditación

La meditación no solo clarifica nuestra mente, nos ayuda a cultivar el espíritu y controla las emociones, sino que además es una fuente de salud para todo nuestro organismo. A continuación paso a destacar los beneficios que produce gracias a una práctica constante.

MEJORA LA CAPACIDAD INTELECTUAL

Fortalece el cerebro y lo moldea

Nuestro cerebro está dividido en dos hemisferios: el derecho codifica información sensorial en forma de imágenes, percibe la realidad de una manera integral holística y sintetiza el espacio; el izquierdo es la sede del lenguaje, analiza el tiempo y realiza operaciones matemáticas. El problema surge cuando hay un mayor predominio de un hemisferio sobre el otro y no existe un equilibrio, ya que aunque cada uno está especializado en un determinado tipo de funciones, ninguno puede operar como un «cerebro independiente». Por el contrario, integran sus actividades para producir movimientos físicos, procesos mentales y comportamientos mayores, diferentes a sus respectivas contribuciones individuales;[1] por ello es tan importante tener ambos hemisferios equilibrados, ya que nos ayudarán a disfrutar de una mente más ordenada y lúcida.

Cuando meditamos, es posible cambiar la estructura cerebral. Este es el fenómeno de la neuroplasticidad. En otras palabras, al meditar, el cerebro se «recablea a sí mismo», se crean nuevas redes neuronales y aumenta nuestra materia gris.

La investigadora Eileen Lüders, del Departamento de Neurología de la Facultad de Medicina de la Universidad de California, buscó pruebas de que la meditación cambiaba la estructura física del cerebro, frente a la creencia científica de que la actividad cerebral alcanzaba su pleno desarrollo en la edad adulta y luego dejaba de desarrollarse hasta la edad senil. Lüders, al investigar el cerebro de personas que meditaban —para comprobar los beneficios que ello aportaba— demostró que nuestro cerebro es plástico y que todas las experiencias que tenemos lo modifican. En un estudio publicado en la revista *Neuro Image* en 2009, se compararon los cerebros de veintidós personas que no meditaban con los de veintidós meditadores, ambos grupos de la misma edad.

El resultado fue que quienes meditaban tenían más materia gris en el lóbulo prefrontal izquierdo, la zona donde se controla mejor la atención y en la que residen las emociones positivas. Al mismo tiempo, se descubrió que los meditadores a largo plazo tienen mayor cantidad de plegamientos en la corteza cerebral, lo que permite al cerebro procesar la

1. *Ecobuddhism*, consultado en la web de yogaterapia el 5/2/2015.

información más rápidamente. Así pues, la investigación demostró que la meditación puede ayudar en la mejora de la capacidad de concentración, al tiempo que nos hace sentir más felices.

Aumenta la concentración

La meditación consigue acallar los pensamientos y la rumiación mental. Y mejora la concentración sobre lo que hacemos, incrementando nuestro coeficiente intelectual, gracias al aumento de materia gris en el cerebro.

Desarrolla la memoria

Meditar asiduamente ayuda a apaciguar las emociones, por lo que permite tener la lucidez necesaria para recordar las cosas en el momento preciso.

Potencia la intuición

La meditación trabaja en los niveles inconscientes de la mente, donde se desarrollan los pensamientos creativos y reside la fuente del pensar, la consciencia pura.

MEJORA LA SALUD

Meditar frena el deterioro físico y el proceso de envejecimiento. Además, actúa específicamente en las siguientes áreas:

Reduce el estrés

Gracias a la meditación, se estimula el sistema nervioso parasimpático, el cual actúa sobre las sensaciones placenteras y de calma, y se disminuye el nivel de cortisol en sangre, lo

Esta es mi simple religión. No hay necesidad de templos; no hay necesidad de filosofías complicadas. Nuestra propia mente, nuestro propio corazón es nuestro templo; la filosofía es la amabilidad.

DALÁI LAMA

que a su vez, reduce el estrés, ya que el cortisol —una hormona neurotóxica, capaz de arrasar las terminaciones neuronales y disminuir la capacidad de memorizar y de aprender— se libera como respuesta a este. Una investigación realizada en Estados Unidos muestra que la meditación, junto con otras terapias, puede reducir con éxito los síntomas de estrés en las mujeres con cáncer de mama.[2]

Fortalece el corazón

Las personas con problemas de estrechamiento de las arterias coronarias que practican la meditación reducen hasta en un 50% la mortalidad y el riesgo de sufrir un paro cardíaco o un infarto cerebral, según un reciente estudio del Colegio Médico de Wisconsin. Además, meditando la presión sanguínea disminuye y se previene la hipertensión,[3] disminuyendo también el ritmo cardíaco, por lo que nos decelera y nos hace sentir más seguros y tranquilos.

Evita el insomnio

Al practicar la meditación, se produce un aumento de la 5-hidroxitriptamina y la serotonina, neurotransmisores vitales que participan en el control del sueño y en el estado de alerta corporal y emocional, lo que nos hace estar más tranquilos y serenos. La calidad y cantidad de horas de sueño mejoran tras dos meses practicando la meditación y el 75% de los pacientes pueden dejar los somníferos.

---

2. Inspirulina, «10 razones para meditar». *Meditación Mundo sin Igual*. 25/04/2013.
3. Elena Sanz, «Cinco beneficios de meditar». *Muy Interesante*. 05/07/2012.

Merma los dolores

El hecho de meditar tiene un potente efecto analgésico;[4] reduce el dolor crónico, incluso a los más novatos. Basta con practicar tres días consecutivos durante veinte minutos para notar un importante alivio de la sensación de dolor durante las veinticuatro horas del día.

Refuerza el sistema inmunitario

La meditación afecta positivamente a nuestras defensas, al conseguir reducir el nivel de cortisol, mejora nuestras defensas naturales contra las enfermedades.

Protege de las enfermedades mentales

Una investigación realizada por la Universidad de Oregón demostró que la meditación puede generar cambios en el cerebro que le ayudan a protegerse contra las enfermedades mentales. Su práctica estaba relacionada con el aumento de conexiones neuronales en el cerebro y en su tejido protector (mielina).

En el campo de la psiquiatría, la meditación ha sido analizada como efecto preventivo con unos resultados asombrosos en la recaída a partir del tercer episodio de depresión, en personas esquizofrénicas y en personas con trastornos bipolares,[5] reduciendo la ansiedad. Además ayuda a prevenir el envejecimiento cerebral.

---

4. Según un estudio publicado en noviembre de 2012, en la revista *Pain*, y financiado por la *National Science Foundation* de Estados Unidos. Véase Elena Sanz, 2012.

5. Dr. Michel Hénin.

Ayuda a dejar las adicciones y a conseguir nuestros objetivos

Meditar es útil para luchar contra las adicciones de todo tipo (drogas, alcohol, etc.), al tiempo que nos fortalece en la realización de cualquier dieta, ya sea para adelgazar, disminuir los niveles de colesterol en sangre o cualquier otra meta que nos propongamos.

Relaja el cuerpo

La práctica de la meditación reeduca al cuerpo, eliminando los malos hábitos de la tensión física, y nos hace tener una mayor consciencia corporal. Además, aumenta los niveles de energía vital.

NOS HACE SENTIR MÁS PLENOS Y FELICES

La meditación incrementa la dopamina, implicada en el control motor de motivación y recompensa, por lo que nos hace sentir más plenos y felices; nos estimula a que veamos las situaciones negativas como algo positivo en nuestra vida; y nos hace tener una personalidad más equilibrada y estable; promueve la empatía entre las personas, lo que contribuye a que nuestras relaciones sociales sean más saludables y placenteras; nos ayuda a disminuir los sentimientos de soledad, disfrutando cada vez más de estar con nosotros mismos. Y nos hace ser más resolutivos en nuestra vida diaria, en lugar de dejarnos llevar por la inercia, lo que a menudo nos hace padecer sufrimiento. También es útil para buscar soluciones a nuestros problemas, en lugar de reaccionar con miedo, rabia o evitación, lo que a menudo nos hace dudar sobre lo que es más apropiado para nosotros.

Tu tarea no es buscar el amor,
sino buscar y encontrar todas
las barreras que has construido
dentro de ti mismo contra el amor.

RUMI

Evidencias científicas

En 1979 Jon Kabat-Zinn, doctor en Biología molecular del Instituto Tecnológico de Massachusetts (MIT), pensó en aprovechar lo que había aprendido con la meditación budista, enseñándoselo a otros a través del programa Mindfulness para la Reducción del Estrés,[1] en la Universidad de Massachusetts. Hoy en día esa tradicional forma de meditar es la más extendida en los centros médicos y clínicas universitarias de toda Europa y Norteamérica.

Por su parte, Richard Davidson; psicólogo y director del Laboratorio de Neurociencia Afectiva de la Universidad de Wisconsin, fue uno de los pioneros en realizar estudios científicos sobre la meditación, tras largos años meditando.

---

1. *Mindfulness* es sinónimo de atención plena. «La Atención Plena es una antigua práctica budista que tiene una profunda relevancia para nuestra vida actual... Guarda relación con examinar quiénes somos y con cuestionar nuestra visión del mundo y el lugar que ocupamos en él, así como el hecho de cultivar la capacidad de apreciar la plenitud de cada momento que estamos vivos», Jon Kabat-Zinn.

En el año 1999 Kabat-Zinn investigó con un grupo de meditadores novatos, para ver los beneficios que la práctica de la meditación reportaba en la población en general. El experimento se realizó con un grupo de empleados de una empresa, que nunca antes habían meditado, a los que se instruyó en *mindfulness*. Se midió la actividad eléctrica del grupo de voluntarios con electroencefalogramas, para observar los niveles de ansiedad y estrés que sentían, y se les propuso que meditaran treinta minutos cada día, a lo largo de cuatro meses. Pasado ese tiempo, los dos investigadores comprobaron que la corteza cerebral encargada de las emociones y de una mayor o menor resistencia a la adversidad, había triplicado su activación, al tiempo que el sistema inmunitario de los participantes había mejorado.

En 2007 Davidson llevó a cabo un estudio en Dharamsala, al norte de la India, invitado por el Dalái Lama. Allí experimentó con ocho monjes budistas que tenían en su haber cincuenta mil horas de meditación (alrededor de doce años meditando ocho horas al día), entre los que destacó un francés, doctor en Bioquímica, Matthieu Ricard, quien trabajó en el C.N.R.S. con el premio Nobel, Jacques Moneaux y que actualmente es asesor personal e intérprete de francés del Dalái Lama. Cuando los monjes meditaban, se observaba cómo disminuía la actividad de la amígdala relacionada con el miedo y la ira. El resultado detectado a través de escáneres cerebrales, demostró que las ondas gamma recogidas en algunos monjes meditadores eran las mayores de la historia registradas en un contexto no patológico. Las ondas gamma están asociadas con explosiones de perspicacia y alto nivel de procesamiento de la información, y son la quinta frecuencia cerebral descubierta, situadas por detrás de las ondas delta, presentes en el sueño profundo.

Davidson comparó estos datos con un grupo de control de diez estudiantes sin experiencia en meditación, que fueron entrenados una semana en la técnica meditativa budista del «amor y la compasión». Los resultados revelaron niveles por encima de lo conocido hasta entonces de emoción positiva en el córtex prefrontal izquierdo del cerebro, mientras que la actividad en el lóbulo prefrontal derecho, justo en el área relacionada con la depresión y el miedo, disminuía.

Otras investigaciones realizadas en el campo de la meditación fueron llevadas a cabo por un grupo de psiquiatras del Hospital General de Massachusetts, dirigidas por la doctora Sara Lazar, quien afirmó que si bien la práctica de la meditación se suele asociar a una sensación de tranquilidad y relajación física, se ha comprobado desde la medicina que también proporciona beneficios cognitivos y psicológicos que persisten durante todo el día, y que son esos beneficios los que están detrás de la sensación de bienestar. Para esta investigación, Lazar y su equipo tomaron imágenes por resonancia magnética de voluntarios, dos semanas antes y dos después de que realizaran un programa de *mindfulness* de dos meses, en el que se les hacía meditar unos treinta minutos diarios. Los investigadores encontraron un aumento de la densidad de la materia gris en el hipocampo, área del cerebro esencial para el aprendizaje y la memoria, así como en las estructuras relacionadas con la compasión, la introspección y la autoconsciencia. Y al mismo tiempo, vieron cómo disminuía la materia gris en la amígdala, zona encargada del miedo y del estrés, lo que abre la puerta a nuevas terapias para pacientes con graves problemas de estrés

*El que conoce a los demás es sabio. El que se conoce
a sí mismo está iluminado.*

Tao Te Ching

postraumático tras haber sufrido una experiencia dura, como un accidente o un atentado. Los voluntarios también habían mejorado en tareas que requerían atención y procesamiento sensorial. En las personas de mayor edad, la diferencia era más que notable, lo que sugiere que tal vez meditar pueda ayudar a frenar el proceso de reducción del córtex cerebral y el declive cognitivo, asociado a la edad.[2]

---

2. Cristina Sáez.

La felicidad no se puede poseer, ganar o consumir. La felicidad es la experiencia espiritual de vivir cada minuto con amor, gracia y gratitud.

DENIS WAITLEY

Etapas de la meditación

Existen diferentes etapas en el camino hacia la meditación, que a continuación paso a describir:

INTERIORIZACIÓN

Para esta primera etapa es necesario, simplemente, cerrar los ojos. Al hacerlo, observamos cómo al eliminar el estímulo visual, de inmediato nos centramos en nuestros pensamientos, que parlotean sin cesar. Para evitar esto, es preciso pasar a la segunda etapa, la de concentración.

CONCENTRACIÓN

Para lograr dejar de rumiar nuestros pensamientos, concentramos la atención en un objeto, ya sea externo o interno. Así la mente se contraerá para focalizarse en una dirección, lo que supondrá un esfuerzo y como tal ofrecerá la ansiada recompensa, la de dejar de pensar en sus preocupaciones por unos instantes, para dirigirse en otra dirección. Las técnicas de concentración son variadas y se explicarán más adelante.

CONTEMPLACIÓN

Esta es la última fase de la meditación, que sucederá cuando tengamos experiencia en la práctica meditativa. Simplemente observaremos nuestro interior, lo que supone una expansión de la mente, y la meditación dejará de ser un esfuerzo.

Es algo así como si buceáramos en el mar: el oleaje y las tormentas se suceden en el exterior, pero en su interior existe la calma. A nosotros nos ocurrirá lo mismo: en nuestro interior habrá serenidad y en el exterior se sucederán los pensamientos como nubes que pasan por nuestra pantalla mental pero que no nos afectan. De este modo llegamos a lo que los meditadores denominan el estado de no dualidad. Es decir, nosotros (el testigo u observador), ya no nos distanciaremos del objeto observado sino que nos fundiremos con él, como si fuéramos el propio objeto. Es como si tras observar un cuadro de un paisaje, nos fundiéramos con él sintiendo que formamos parte de su esencia.

El objetivo es trascender las fluctuaciones mentales desarrollando la atención en el presente, sin esfuerzo. La verdadera meditación consiste en situarnos en nuestro centro, beber de nuestro pozo de calma y dejar pasar los pensamientos, hasta observar que entre uno y otro existen esos pequeños intervalos, de los que he hablado anteriormente. A medida que practicamos, estos intervalos entre pensamientos se irán haciendo cada vez más amplios, y llegará un momento en que nos parezca que ya no pensamos, y surgirá una paz infinita que revitalizará nuestro organismo.

SEGUNDA PARTE
¡Vamos a meditar!

El secreto de la salud física y mental no es llorar por el pasado, preocuparse por el futuro o anticipar problemas, sino vivir el momento presente con sabiduría y seriedad.

BUDA

Interiorización: preparándonos

Las técnicas meditativas son muy eficaces para conseguir anclar la mente en el presente, con plena atención, olvidándonos de lo que hemos hecho o de lo que deberíamos hacer, que es la causa más frecuente de nuestras tensiones y del estrés al que estamos sometidos a diario.

Lo principal es saber que no existen recetas milagrosas y que lo que verdaderamente origina el cambio es la constancia en nuestra práctica meditativa: necesitaremos hacer una práctica asidua de veintiún días para crear el hábito de meditar. Se ha descubierto que este es el tiempo mínimo para crear nuevos caminos neuronales que nos ayuden a modificar nuestras rutinas.

Al inicio de nuestra práctica meditativa, lo primero que notaremos será un mayor relax corporal y mental, pero los resultados a largo plazo son más importantes que una simple relajación, ya que ofrece grandes cambios en nuestro cerebro, lo que nos ayudará a llevar una vida más armoniosa y placentera.

Como describe Eric Harrison en su libro *Aprenda a meditar*: *«La meditación es mucho más que una técnica de relajación; también sirve para aclarar la mente, mantenerse alerta. Nos volvemos más sensibles hacia nuestros propios sentimientos y los detalles del mundo que nos rodea. A esta capacidad mental la llamamos "consciencia". Es lo que distingue a una persona que medita de otra que simplemente está relajada».*

Para que la mente se serene tenemos que llevar a cabo una serie de ejercicios relacionados con cada una de las etapas de la meditación. La primera es la interiorización. En nuestra sociedad actual estamos muy volcados al exterior, sin apenas tener tiempo para estar con nosotros mismos. Según opina Ramiro Calle, maestro de yoga y el primer gran impulsor de esta disciplina en España: «Nos hemos disociado tanto de nuestro Ser interior que ya no podemos estar ni dos minutos con nosotros mismos; nos altera la soledad y nos dejamos llevar por el miedo». Iniciarnos en la interiorización requiere tener en cuenta unas sencillas recomendaciones. La primera es cerrar los ojos: esto eliminará toda la serie de estímulos visuales, lo que facilitará la necesaria introspección. Te recomiendo que utilices un antifaz, así la oscuridad será mayor y te simplificará el trabajo. El segundo aspecto que debes tener en cuenta es el de permanecer en el silencio. Para ello puedes emplear unos tapones para evitar que los sonidos exteriores te molesten o poner una música relajante que te ayude a estar en calma.

LA POSTURA
Otra recomendación es la postura, puedes estar sentado o tumbado, pero es importante mantener una inmovilidad;

mientras el cuerpo no se mueva, es más fácil que la mente se aquiete. Tápate con una manta para evitar quedarte frío, ya que al relajarnos baja la temperatura corporal. Si decides sentarte, puedes hacerlo en el suelo o en una silla, pero en ambos casos has de estar cómodo.

Sentado en silla

Para sentarnos de manera adecuada en una silla, es preciso que la espalda esté completamente pegada al respaldo en su zona lumbar; para ello al sentarnos acercamos las nalgas al respaldo y nos dejamos caer (foto 1). Las piernas tienen que quedar entreabiertas a la anchura de las caderas, con la planta de los pies bien apoyada en el suelo, las manos recogidas sobre el regazo o con las palmas descansando sobre los muslos. Y la cabeza erguida con el mentón hacia la zona de la garganta, para evitar dolores en la zona cervical (foto 2).

Foto 1

Foto 2

Sentado en el suelo

Siéntate cómodamente con la espalda recta —puedes apoyarla en la pared— y las piernas cruzadas —en la postura *siddhasana* de yoga (foto 3)— o estiradas. Para que no haya tensión, apóyate en un cojín y si tienes las piernas cruzadas, siéntate sobre la zona de los isquiones para evitar que la columna quede arqueada. Mantén la cabeza recta, evitando que caiga hacia delante. Coloca las manos sobre los muslos o unidas sobre el regazo.

Foto 3

Tumbado

Puedes tumbarte en el suelo o sobre una superficie más blanda, la cama o un sofá, lo importante es la comodidad y la quietud. La postura más adecuada es la de *shavasana* (foto 4) que paso a describirte.

Ponte boca arriba con las piernas separadas, más allá de la anchura de las caderas, dejando que los pies caigan lateralmente hacia los lados.

Pon los brazos en oblicuo con las palmas de las manos mirando hacia arriba o con los brazos ligeramente flexionados, apoyando las manos a la altura de las caderas. Si tu curvatura lumbar te hace sentirte un tanto incómodo al estar tumbado con las piernas estiradas, puedes flexionarlas ligeramente metiendo una almohada o cojín debajo de las rodillas.

Foto 4

Apoya la cabeza sobre un almohadón, sitúate sobre una colchoneta en el suelo, sobre un sofá o sobre la cama y cúbrete con una mantita. También es recomendable el uso de un antifaz para evitar la presencia de la luz en tus ojos.

La felicidad no es una recompensa, es una consecuencia.
Sufrir no es un castigo, es un resultado.

ROBERT GREEN INGERSOLL

Técnicas meditativas de concentración

Para empezar a meditar tenemos que desarrollar las técnicas de concentración, que nos ayudarán a eliminar de nuestra mente todo el cúmulo de pensamientos continuos y aleatorios, tumultuosos y a veces caóticos, focalizándonos en una sola dirección.

Un estado meditativo consiste en vivir el presente, sin llegar a dejarse llevar por lo que pasó, o lo que está por venir. En el «aquí y ahora» la mente reposa. Por eso te propongo una serie de ejercicios de concentración, para no dejar que ésta divague y se centre en el presente.

ATENCIÓN SOBRE LA RESPIRACIÓN: TÉCNICAS RESPIRATORIAS

La verdadera llave para interiorizarnos y aproximarnos a la meditación es estar atentos a nuestra propia respiración. Te mostraré unos sencillos ejercicios que podrás poner en práctica según tus necesidades.

Para realizarlos debes tener en cuenta que siempre se inhala y exhala por la nariz.

Respiración natural (audio 1)

* Se trata de una respiración tranquila, natural, embrionaria. Ponemos nuestra atención en la entrada fría del aire y en su salida tibia.
* Ahora detectamos cómo al entrar el aire es seco y al salir se humedece.
* Observamos que la inspiración es más corta que la espiración.
* También podemos sentir cómo antes de inhalar hacemos una pausa natural y al exhalar, antes de inspirar de nuevo, realizamos otra pausa o apnea.
* Podemos apreciar que entra más flujo de aire por uno de los conductos nasales que por el otro.
* Observamos cómo, al entrar, el aire llega por la parte alta de los orificios nasales y cómo, al salir, lo hace por la parte baja. Visualizamos el aire entrando y saliendo como si fuera una ola que golpea en un acantilado.
* También podemos centrarnos en una zona entre los orificios nasales y el labio superior, y sentir el roce del aire entrando y saliendo.

Puedes centrarte en la respiración natural muchas veces a lo largo del día, cuando esperas en la cola del banco, en la parada del autobús o en algún otro lugar.

Respiración con sonido

Escuchamos el sonido natural de nuestra propia respiración. Al inspirar se produce un sonido distinto que al espirar.

Respiramos usando el mantra «So Ham» («Yo soy eso»). Mentalmente al inhalar «So», al exhalar «Ham».

Prueba a realizar uno de estos ejercicios durante unos minutos a lo largo del día. Te centrará y te hará sentir mejor. Es una pausa obligada en nuestros quehaceres diarios, que te hará recobrar el ánimo y reducirá tus tensiones.

Respiración completa (audios 2, 3 y 4)

Nuestro cuerpo está capacitado para realizar una respiración completa, aunque haya veces que por bloqueos emocionales hayamos perdido dicha facultad. Prueba las tres fases diferenciadas —si cierras los ojos—, la meditación será más efectiva porque te ayudará a sentir mejor cada nivel.

* Primera fase: respiración abdominal

Imagina que el tronco de tu cuerpo es un vaso y el aire una jarra de agua. Visualiza la jarra de agua rellenando el vaso. Ahora comienza a respirar de la misma forma. Lo primero que se llena es el fondo del vaso (respiración abdominal), luego la parte central (respiración intercostal) y por último la parte alta (respiración clavicular). Al exhalar el aire recorre el camino inverso.

Pon las manos extendidas sobre el vientre, con los dedos corazón de cada mano tocándose las yemas. Al inspirar llena tu abdomen y siente cómo los dedos se separan; al espirar, retrae el abdomen y siente cómo los dedos se juntan. Imagina que estás hinchando y deshinchando un globo, puedes visualizarlo de un color que te guste y observar su textura.

La respiración abdominal te ayudará a conciliar el sueño. Puedes realizarla en la cama antes de ir a dormir, entre uno y cinco minutos, tomando el aire en tres tiempos y expulsándolo en seis.

Estás buscando el silencio de la montaña, pero lo buscas en el exterior. El silencio es accesible para ti ahora mismo, dentro de tu propio Ser.

RAMANA MAHARSHI

* Segunda fase: respiración intercostal

Sitúa las manos lateralmente sobre las costillas, sobre la caja torácica, e imagina que tocas un acordeón. Al inhalar el acordeón se abre, al exhalar se cierra.

* Tercera fase: respiración clavicular

Coloca las manos sobre las clavículas y respira con movimientos cortos, en los que exclusivamente se muevan estas, al inspirar y al espirar.

Prueba los tres niveles, pero no emplees nunca la respiración alta exclusivamente, porque esta es la que realizamos cuando nos sentimos estresados o angustiados, y al practicarla te puede poner en sintonía con esas emociones.

Utiliza la respiración completa como recurso cuando te sientas mal: una buena bocanada de oxígeno alimenta tanto como una comida y nos ayuda a ver los problemas con cierta perspectiva.

Respiración de fuelle

Imagina que tu abdomen es un fuelle que al inhalar se llena de aire y al exhalar se vacía. La inspiración y la espiración han de tener la misma duración y deben realizarse con un ritmo constante y que no sea demasiado lento, pero tampoco muy deprisa.

Esta respiración ayuda a liberar las tensiones acumuladas en el abdomen y nos aporta gran vitalidad. Es ideal para realizar cuando estés muy fatigado.

Respiración del abejorro (audio 5)

Toma aire, mediante una respiración profunda, y al exhalarlo emite un zumbido como si fueras un abejorro, colocando la base de la lengua contra el paladar y con la boca cerrada, algo así como si te fueran a dar una comida que te gusta mucho y al pensar en su sabor emites un dulce «hummmm».

Cuando estés sometido a mucha tensión, esta respiración ayudará a que te calmes con rapidez, ya que el zumbido que creas ayuda a masajear el cerebro muy eficazmente.

Respiración alterna (audio 6)

Inspira por el conducto nasal izquierdo presionando y cerrando con el pulgar el derecho (foto 5). Espira por el conducto derecho abriéndolo y cerrando el izquierdo con el dedo anular (foto 6) —también puedes utilizar los dedos índice y corazón apoyados en la frente—. Inspira por el mismo conducto derecho, manteniendo la misma posición de los dedos. Espira por el izquierdo abriéndolo y cerrando el derecho con el anular. Así realizaríamos un ciclo completo. La idea es practicar varios ciclos, al menos quince. Además, puedes contar el número de inhalaciones (que pueden ser en dos, tres o cuatro tiempos) y exhalaciones (que deben ser el doble que las inspiraciones, es decir, si inhalas en dos tiempos, exhalas en cuatro: si inhalas en tres, exhalas en seis, y así sucesivamente). Esto te ayudará a estar más concentrado en esta técnica respiratoria.

La respiración alterna es ideal para serenar la mente, para permitirte estar más tranquilo y centrado. Ayuda a equilibrar los hemisferios derecho e izquierdo del cerebro. Y es muy útil

Foto 5

Foto 6

si tenemos que llevar a cabo labores de concentración, ya que nos prepara para ello.

Respiración con sonrisa interna

Sonreímos cuando estamos alegres y para ello no solo sonríe la boca, sino también los ojos. Las últimas investigaciones han demostrado que, si sonreímos aunque no tengamos ganas, finalmente nos sentiremos mejor. Prueba a forzar una sonrisa colocándote un lápiz entre los dientes y luego mirándote al espejo e intentando hablar.

Según los sabios taoístas, cuando sonreímos, nuestro organismo libera poderosas secreciones que alimentan todo el cuerpo físico.

Por el contrario, si estamos tensos, nuestros órganos producen secreciones tóxicas que bloquean los canales energéticos y ocasionan pérdida del apetito, indigestión, aceleración del ritmo cardíaco, insomnio, aumento de la presión sanguínea y emociones negativas. Realiza esta respiración de la siguiente manera:

* Siéntate o túmbate en una posición cómoda y respira hondo. Tócate el ombligo con la punta de los dedos.
* Ahora tócate el paladar medio con la punta de la lengua; esto permitirá que la energía fluya de la cabeza al abdomen.
* Ahora sonríe, llevando la atención al ombligo.
* Inhala visualizando cómo un rayo dorado entra por la coronilla y al exhalar sonríe y siente cómo este, desciende por la cabeza hacia el ombligo. Permite que esa cálida energía vaya acumulándose en esa zona, en el *hara*, sede de la energía vital.

Esta respiración te ayuda a tener más vitalidad y compasión hacia uno mismo, al tiempo que alivia la tristeza.

Respiración en movimiento

Se trata de una respiración que se hace mientras caminamos. Cuando avanzamos con el pie izquierdo, inhalamos; al dar un nuevo paso, continuamos inhalando (inspiración en dos tiempos).

La exhalación se produce al realizar el tercer paso: cuando avanzamos el pie izquierdo, exhalamos, damos otro paso, continuamos exhalando y finalizamos la expulsión del aire cuando avanzamos de nuevo el pie izquierdo por tercera vez (expulsión del aire en tres tiempos).

Es una respiración muy eficaz para practicarla en cualquier momento del día, por ejemplo, cuando te diriges al trabajo o das un paseo. Te ayuda a vivir en sintonía con tu cuerpo y evita la afluencia de pensamientos, por lo que resulta muy relajante.

Atención sobre el cuerpo físico: técnicas lúcidas de relajación corporal

La atención sobre el cuerpo físico es útil antes de la fase meditativa de la contemplación, ya que ayuda a predisponerse a la calma, lo que a su vez hace que nuestros pensamientos se ralenticen.

Los estudios realizados acerca de la meditación explican cómo al meditar aumentamos el nivel de consciencia y la actividad eléctrica del cerebro, con sus consecuentes beneficios, mientras que la relajación profunda puede adormecer este nivel de consciencia. Por lo tanto, lo que yo suelo sugerir es que se relaje el cuerpo, hasta el punto de que no lo sintamos —algo así como si lo tuviéramos dormido— pero que nuestra mente permanezca lúcida y despierta.

Aunque antiguamente se conocían diversos métodos enseñados por las escuelas de yoga o zen, en la actualidad son dos los tipos de relajación más empleados en el continente Europa. Por un lado, se encuentra la relajación progresiva ideada por Edmund Jakobson y por el otro, el entrenamiento autógeno de Johannes Heinrich Schultz.

El primero fue un médico estadounidense que a principios de los años veinte ideó un sistema de relajación para sus pacientes, argumentando que si la tensión muscular acompañaba a la ansiedad, se podría reducir esta aprendiendo a relajar aquella.

*La felicidad depende de lo que puedes dar,
no de lo que puedes conseguir.*

Swami Chinmayananda

Y el segundo fue un neurólogo que en 1927 presentó su libro *El entrenamiento autógeno*, basado en el principio de que la mayoría de las personas son capaces de alcanzar un estado de relajación profunda con el solo hecho de imaginárselo.

A continuación paso a describir los dos métodos, para que elijas el que más se acomode a tus gustos.

Técnica de Jacobson (audio 7)

* Ve relajando el cuerpo desde las extremidades, hasta finalizar en el abdomen. Imagina que eres una marioneta y que cada hilo tensiona tus miembros pero al cortarlo caen como si fueras un muñeco de trapo.
* Levanta la cabeza con suavidad llevando el mentón hacia la garganta, suavemente. Haz gestos con la cara para soltarla. Permite que la cabeza gire lentamente de izquierda a derecha y de derecha a izquierda.
* Estira y tensiona el brazo y el puño derechos, con todas tus fuerzas, levantándolos unos centímetros por encima del suelo, y luego suéltalos.
* Haz lo mismo con el brazo y el puño izquierdos.
* Haz una respiración completa.
* Estira y tensiona la pierna y el pie (en punta de bailarina) derechos, con todas tus fuerzas, levantándolos unos centímetros del suelo, y después suéltalos.
* Haz lo mismo con la pierna y el pie izquierdos.
* Eleva el abdomen hacia el techo, tensiónalo, mantente unos instantes así y luego vuelve a la posición inicial.
* Eleva la pelvis contrayendo los glúteos y los esfínteres, y luego suéltala.
* Haz una respiración completa.

Técnica de Schultz

Siente el calor en diferentes partes del cuerpo (las zonas más irrigadas) y el frescor en otras. Comienza siempre a relajarte de la cabeza a los pies, ya que es más efectivo.

Siente las diferentes zonas de temperatura corporal:
* Siente el calor de las sienes y el frescor de la frente.
* Piensa: «Mi mente está clara y mi frente está fresca».
* Nota el calor de los labios y el frescor de la barbilla.
* Observa el calor del cuello detrás de las orejas y en la zona de las clavículas.
* Haz una respiración completa.
* Siente el frescor en los hombros.
* Nota el calor de las axilas y el frescor de la cara externa de los brazos.
* Observa el calor en las palmas de las manos y el frescor en el dorso.
* Haz una respiración completa.
* Nota el calor en las ingles y el frescor en los glúteos.
* Siente el calor en la zona interna de las rodillas y el frescor en su cara externa y en el resto de las piernas.
* Nota el calor entre los dedos de los pies y el frescor en la cara externa.
* Haz una respiración completa.

Siente ahora tu cuerpo muy pesado:
* Tu cabeza se hunde en el suelo; observa cómo se apoya en él. Siente tu cabeza muy pesada.
* Tus brazos son muy pesados; siente cómo se hunden en el suelo.

* Tu abdomen y tu espalda son muy pesados; siente los puntos en los que se apoya tu espalda —la zona alta (escápulas), la zona media y la zona baja (región lumbar)— y cómo se hunde en el suelo.
* Tus piernas son muy pesadas, siente cómo se hunden en el suelo.

Identifícate con la respiración:
* Siente tu respiración natural, tranquila y regular.

Concéntrate en los latidos del corazón:
* Escucha cómo late tu corazón y piensa que late rítmica y sosegadamente.

Para realizar estas relajaciones es conveniente que te tumbes boca arriba, en la posición de relax tumbado (*shavasana*). Al principio puedes ponerte una música relajante, aunque más adelante es probable que no la necesites. Lee con atención cada técnica y luego pruébala mentalmente o escucha el audio. Utiliza la que te resulte más eficaz.

Dedícale entre diez y treinta minutos, cada vez que la realices la relajación corporal. Sería muy recomendable practicarla a diario. Puedes probar a la hora de la siesta (medita-siesta), evitando quedarte dormido. A esa hora el cuerpo está más receptivo al descanso. También son buenos momentos el inicio del día y su ocaso.

TÉCNICAS DE RELAJACIÓN OCULAR

Estas técnicas son muy apropiadas para hacer una pausa en el trabajo y relajar nuestros fatigados ojos de la tensión a la que los exponemos a diario.

Cada momento que no sigues tu guía interna, sientes una pérdida de energía, una pérdida de poder, una sensación de pérdida espiritual.

SHAKTI GAWAIN

Palming

Frótate las palmas de las manos enérgicamente. Cuando consigas calentarlas, forma un cuenco con ellas y colócalas sobre los ojos cerrados, sin tocar los párpados. Permanece un rato en esta postura hasta que te sientas aliviado —es recomendable permanecer así al menos medio minuto—. Puedes apoyarte en la mesa de trabajo si estás sentado.

Palming Sunning

Es una técnica de relajación ocular frente al sol. Frota la palma de las manos. Cuando consigas calentarlas, forma un cuenco con ellas y colócalas sobre los ojos cerrados, sin tocar los párpados. Dirige el rostro hacia el sol y permanece así unos treinta segundos. Luego date la vuelta, permite que el sol te caliente la nuca y observa los colores que aparecen en tu pantalla mental, hasta que desaparezcan. Vuelve a realizarlo un par de veces más. La relajación ocular nos ayuda a fortalecer los ojos, es muy recomendable para practicarla en cualquier momento del día en que sintamos un cansancio ocular.

ATENCIÓN SOBRE NUESTROS SENTIDOS

Vista

* Asómate a la ventana o pasea por la calle y observa sin juzgar todo lo que ocurra a tu alrededor, sin prisa, fundiéndote con lo que ves. Hazlo durante un rato, de diez a quince minutos. Luego anota todo lo que hayas visto.
* Observa una puesta de sol, las olas del mar o unos árboles. Es todo lo que tienes que hacer en ese momento.
* Mira la luz de una vela o una puesta de sol, procurando no parpadear. Cuando sea imposible mantener

durante más tiempo la vista fija en la luz de la llama o del sol poniente, cierra los ojos y cúbrelos con el cuenco de las manos, sin tocar los párpados. Recréate en la luz interna y los diferentes colores que visualizarás en tu espacio mental hasta que desaparezcan. Repítelo un par de veces más. Dedícale de diez a quince minutos.

* Concéntrate en un mandala, es decir, una representación simbólica circular del macrocosmos y el microcosmos, utilizada en el budismo y el hinduismo. Puedes encontrar muchas figuras de mandalas en internet y en diversas publicaciones, pero también puedes diseñar uno, creando un círculo y dibujando en su interior los diferentes elementos geométricos que desees y luego coloreándolos. Observa la figura que sigue con los ojos ligeramente entornados, sin enfocar en ningún punto y sin juzgar. Hazlo durante unos cinco minutos.

* Puedes visitar la página de Youtube «Meditación con Mandalas (Llamando a la sabiduría)».

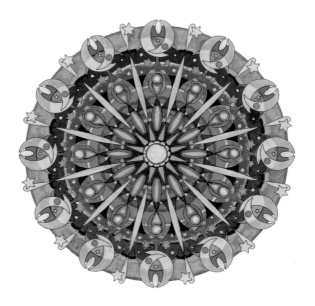

Oído

* Puedes escuchar atentamente una melodía, poniendo toda tu atención en la música. Y cuando los pensamientos lleguen, concéntrate de nuevo en la música y permanece así unos minutos.

* También puedes concentrarte en los sonidos de la naturaleza o del entorno en el que te encuentres, diferenciando unos de otros, pero sin juzgarlos.

* Otra técnica muy efectiva es recitar mantras, es decir, antiguos fonemas en sánscrito, que ayudan a serenar la mente. Dos de los más conocidos son:

— *Om.* Se traduce por «el Todo»; es la energía universal de la que todos procedemos.

— *Om mani padme hum* corresponde a la compasión. Se traduce como «¡oh, joya en el loto!», haciendo referencia a nuestra propia consciencia.

* También se pueden emplear afirmaciones positivas, frases que nos decimos a nosotros mismos con el deseo de cambiar o reforzar algún aspecto de nuestra vida. Estos son algunos ejemplos:

— «Me acepto tal como soy, y cada vez soy mejor».

— «Siento ahora una gran serenidad y paz interiores».

— «Me siento feliz por haber nacido y me gusta vivir».

Cada vez que te venga un pensamiento negativo, puedes recitar uno de estos mantras, u otro que te hayas preparado.

Gusto

* Come con plena atención, saboreando cada bocado, sintiendo su aroma y su gusto, su textura, etc. Hazlo

siempre que puedas, al menos en algún momento de
la comida o la cena.

Olfato

* Pon atención a los olores que desprende el campo, la
ciudad o tu casa. Siente los diversos aromas. Prueba
con unos pocos y ve ampliándolos. Dedícale a esto cinco minutos.
* Siente el olor del incienso o el aroma de una flor y permite que este perfume te embriague. Permanece así
uno o dos minutos.

Tacto

* Toca diversas texturas, sintiendo su contacto, tócate
un brazo, la cabeza, el cuero cabelludo, el pelo. Aca-
ricia a otros seres vivos, siente su contacto. Concéntrate en la sensación que te produce. Dedícale a esto
cinco minutos.

ATENCIÓN A NUESTROS TRES CUERPOS

En nuestro cuerpo residen tres partes bien diferenciadas: una atiende al cuerpo físico, otra a lo mental y una tercera al cuerpo emocional. Tomar consciencia de nuestro cuerpo, de los pensamientos que generamos y de las emociones
que movilizamos nos ayudará a entender mejor que estamos
por detrás de todo eso como meros observadores. No fusionarnos con las sensaciones corporales, con lo que pensamos
o con cómo nos sentimos nos hace tener una conducta más
meditativa, que evita que reaccionemos descontroladamente
ante todo cambio que se genere en estos tres cuerpos.

Recuerda que solo tú eres responsable de tu forma de actuar, pensar y sentir. Aunque no nos agrade, los culpables no existen.

Cuerpo físico

Es importante estar atento a los cambios corporales, las molestias, los dolores que se puedan localizar, así como los momentos de plenitud y bonanza. Observar los movimientos que realiza nuestro cuerpo al andar, correr, sentarse, subir una escalera, etc. —nos ayudará a ir conociéndolo mejor, y por lo tanto, a reconocer lo que hacemos y lo que nos está sucediendo en cada momento. Observa qué músculos intervienen cuando te sientas, subes unas escaleras o caminas. Este ejercicio puedes realizarlo en varios momentos, a lo largo del día.

Cuerpo mental

Toma consciencia de tus pensamientos, pero no te dejes arrastrar por ellos. Debes controlar tu mente, no al revés. Observa los pensamientos como si se trataran de nubes que pasan por tu pantalla mental. No te dejes llevar por la mente alocada y no te enganches a ninguno de ellos. En la India, a estos pensamientos los comparan con un mono que salta de rama en rama y no para de parlotear. Observa de vez en cuando, a lo largo del día, lo que piensas y di: «Estoy pensando». Esto hará que automáticamente tus pensamientos se esfumen.

Cuerpo emocional

Cuando las emociones se disparan, lo primero que debemos hacer es identificarlas, saber qué nos pasa, y a continuación dejarlas que se expresen y permitirnos sentirlas. No hay

Nuestro poder creativo nace abrazando lo que es, no luchando por lo que creemos que debe ser.

ANÓNIMO

nada más cambiante que las propias emociones, al cabo de un rato observaremos que desaparecen y esta es la manera más adecuada de gestionarlas.

Cinco son las emociones básicas, por medio de las cuales expresamos en cada situación cómo se encuentra nuestro estado anímico: amor, alegría, rabia, miedo y tristeza. Cada una de ellas deja una sensación corporal que nos da la clave de lo que nos sucede y que ayuda a identificar la emoción.

1. Amor

    FUNCIÓN: gracias a esta emoción somos capaces de crear vínculos afectivos sanos con otras personas.

    LOCALIZACIÓN: A la altura del corazón se expande en nuestro pecho y sentimos también sensaciones agradables en el abdomen que nos hacen sentir más ligeros.

2. Alegría

    FUNCIÓN: nos convierte en seres más creativos, lo que nos ayuda en nuestra propia supervivencia como especie.

    LOCALIZACIÓN: se produce una sensación de mucha energía y ganas de reír. Se activa todo nuestro organismo, impidiéndonos estar quietos.

3. Rabia

    FUNCIÓN: nos ayuda a adaptarnos y a proteger lo que es nuestro.

    LOCALIZACIÓN: puede localizarse en la cara (ganas de chillar) y las extremidades (nos ayuda a ir contra quien nos genera esa emoción), además de en el pecho y en la boca del estómago.

4. Miedo

    FUNCIÓN: la principal función del miedo es la de protección. Gracias a él, sentimos que una situación es amenazante y el cuerpo instintivamente se protege.

    LOCALIZACIÓN: se localiza en todo el cuerpo. Por lo general, tiende a paralizarnos. Los síntomas provocados por el miedo suelen ser taquicardias, sudoración, palpitación, boca seca y temblores, unida muchas veces a una sensación de frío glacial.

5. Tristeza

    FUNCIÓN: nos ayuda a reparar las pérdidas. Es una emoción necesaria para saber afrontar los cambios que se suceden en nuestra vida.

    LOCALIZACIÓN: su localización principal es en el pecho, que se contrae, falta la respiración y se producen unas ganas incontroladas de llorar.

    A lo largo del día puedes pararte unos minutos y observar tus emociones: ¿de dónde provienen?, ¿qué situaciones las estimulan?

VISUALIZACIONES CREATIVAS

Las visualizaciones creativas son otra parte más de las técnicas de concentración y se emplean de diversos modos, con el fin de encontrarnos mejor con nosotros mismos. Las visualizaciones nos ayudan en momentos de conflicto para crear nuevos hábitos, cambiar nuestras rutinas o resolver problemas personales.

La técnica consiste en visualizar o en imaginar diferentes imágenes que nos ayuden a mejorar nuestro presente.

Existen un sinfín de publicaciones especializadas, algunas de las cuales se recogen en la bibliografía que se presenta al final del libro.

MEDITACIÓN TIBETANA EN EL AMOR ALTRUISTA (AUDIO 8)

Te presento una visualización muy poderosa y eficaz relacionada con el amor incondicional. Esta meditación es frecuentemente empleada por los lamas tibetanos.

El Dalái Lama recomienda mostrar amor y compasión por todos los seres vivos, lo que nos ayudará a ser personas más amorosas y tratar de resolver nuestros conflictos con los demás.

Colócate en una postura cómoda, relaja el cuerpo y a continuación visualiza o imagina cada uno de estos pasos:

* Un niño pequeño se acerca a ti y te mira alegre y confiado, lleno de inocencia.
* Siente cómo le acaricias la cabeza.
* Seguidamente abrázale mientras sientes un amor incondicional hacia él.
* Mírale a los ojos y siente que es un alma pura y deséale que sea feliz.
* Permite que ese amor que sientes lo llegue a impregnar todo. Permanece así durante unos instantes sintiendo su calidez.
* Visualiza tu corazón como una rosa abierta de la que sale una luz verde o rosa, siente cómo te envuelve.
* Ahora piensa en una persona querida que necesita ser amada y envíale el rayo de la luz que sale de tu corazón, envuélvela con esa energía amorosa.

* Por último, haz lo mismo con alguien que te desagrade o con quien estés en desarmonía. Deséale que encuentre la felicidad.
* Finalmente, envía amor y deseos de felicidad para todos los seres vivos.

Esta meditación nos ayuda a reconocer que todos los seres vivos buscamos evitar el sufrimiento y conquistar la felicidad.

Es muy útil para realizarla a diario, especialmente si tenemos un conflicto con alguna persona en particular.

Algunas cuestiones sobre la contemplación

Una vez que hemos desarrollado las técnicas de concentración, podremos pasar más fácilmente a la contemplación. Para ello no se requiere nada en especial, únicamente sentarse o tumbarse en silencio, permitiendo primero que el cuerpo se relaje por completo, y luego ir profundizando más en nuestro interior para que los pensamientos no nos atrapen. A medida que vamos adquiriendo más confianza y experiencia, tardaremos menos en entrar en un estado de relajación física y mental. Para ello solo dejaremos que el cuerpo se relaje y la mente vaya profundizando más en su interior, hasta observar los pensamientos como si no nos pertenecieran y dejándolos pasar, sin vernos atrapados por ninguno de ellos, para luego sentirnos rodeados de oscuridad y de calma. En el estado de contemplación no hay que hacer nada, solo dejarse llevar y evitar caer en ensoñaciones y fantasías oníricas.

Es aconsejable permanecer en este espacio durante al menos veinte minutos y adentrarnos en él a diario.

La perfección está en todas partes,
si elegimos verla.

OKAKURA KAKUZO

Hoja de ruta: meditaciones para llevar a cabo en la vida cotidiana

En este apartado se recogen algunas meditaciones que puedes realizar a lo largo del día y que te van a hacer más fácil el desempeño de tus labores diarias. Al mismo tiempo, se evidencia que meditar es en realidad una actitud vital que no necesita un tiempo extra —este suele ser el argumento más planteado para renunciar a su práctica.

Ruta 1 (treinta y dos minutos diarios)

* Durante una pausa en tu trabajo, esperando el bus o haciendo cola en algún sitio, congélate, es decir, obsérvate tal como estás respirando y cuál es la actitud física de tu cuerpo, examina tus tensiones, respira profundo y suéltalas (de uno a dos minutos).

* Haz movimientos lentos. Cuando estamos agitados, todos nuestros movimientos son rápidos y espasmódicos. Elige una actividad sencilla que efectúes todos los días: vestirte, ducharte, salir de casa y subir al coche, regar las plantas, tomar una taza de té, sacar al perro,

etc. Presta atención a cada movimiento y realízalo con calma y presencia (de cinco a diez minutos).

* Come con atención plena, disfrutando de los sabores, al menos en una de las tres comidas (veinte minutos).
* Respiración abdominal, antes de ir a dormir, tumbado en la cama (de cinco a diez minutos).

RUTA 2 (TREINTA Y CUATRO MINUTOS DIARIOS)

* Cuando llegues a un semáforo con luz roja, no te sientas frustrado pensando que pierdes el tiempo *con la prisa* que tienes; invierte la situación y aprovéchalo para respirar conscientemente hasta que se ponga de color verde (de uno a dos minutos).
* Realiza una pausa en tu quehacer, elige un objeto cualquiera dentro de tu campo de visión y fija tu mente allí. Elimina la charla interior, deja que tus ojos se ablanden, permite que el tiempo se haga lento y explora el objeto a placer, imagina su textura, su olor, si es el caso. Permite que afloren las asociaciones, deja que tu cuerpo se afloje y se relaje. Finalmente comprueba si tu estado mental ha cambiado (de uno a dos minutos).
* Come con atención plena, disfrutando de los sabores, al menos en una de las tres comidas (veinte minutos).
* Practica la respiración alterna, antes de ir a dormir, tumbado en la cama (de cinco a diez minutos).

RUTA 3 (CUARENTA Y CINCO MINUTOS DIARIOS)

* Pasea con una respiración consciente, durante cualquier momento del día, cuando vas a trabajar, a tomar el bus, etc. (de cinco a diez minutos).

* Respira con el mantra *So Ham* durante la pausa del café en tu puesto de trabajo, o en cualquiera de tus actividades (de uno a cinco minutos).
* Come con atención plena, disfruta de los sabores, al menos en una de las tres comidas (veinte minutos).
* Respiración del abejorro antes de ir a dormir, tumbado o sentado en la cama (de cinco a diez minutos).

RUTA 4 (CINCUENTA MINUTOS DIARIOS)

* A lo largo de la jornada, cuando los pensamientos no te dejen tranquilo, puedes recitar mentalmente alguna afirmación positiva (*Siempre estoy profundamente relajado y centrado, Me siento feliz por haber nacido, Me gusta vivir,* o cualquier otra que te inventes) o un mantra *(So Ham, Om mani padme hum, Om namah sivaya).*
* Estate presente mientras te lavas los dientes, haces la cama, compras en el supermercado, lavas los platos, etc. Pregúntate dónde estás y cambia tu mente de pensamientos a sensaciones, observa de qué modo tu atención va de un punto a otro, al sostener el cepillo de dientes, al abrir el grifo, al oír el sonido del agua que sale, al sentir el movimiento del brazo al alzarlo, el picor de la pasta de dientes en la lengua, etc. (de cinco a diez minutos).
* Come con atención plena, disfrutando de los sabores, al menos en una de las tres comidas (veinte minutos).
* Realiza la respiración con sonrisa interior, antes de ir a dormir, tumbado en la cama (de cinco a diez minutos).

Es a través de la gratitud en el momento presente como se abre la dimensión espiritual de la vida.

ECKHART TOLLE

TERCERA PARTE
Un poco más allá de la meditación

Fluye con cualquier cosa que ocurra y deja a tu mente libre. Acepta lo que estés haciendo.

CHUANG TZU

A la búsqueda del sentido de nuestra vida

Obviamente, cuando ahondamos en la meditación y nos transformamos en seres meditativos, comienzan a surgir las grandes preguntas; entre ellas la más frecuente es la de buscar el sentido de nuestra propia vida.

En este punto, me gustaría relatar mi propia experiencia, al objeto de que pueda iluminar el camino de otros meditadores, una experiencia que se presenta como un viaje exterior primero e interior después.

En los años noventa conocí el yoga de la mano de Sri Macharia Hamsananda Sarasvati, de Swami Sivananda y de Andrée Van Lisebeth. Seguí sus pasos durante años, ya que me inicié en esta disciplina con una joven profesora a la que tuve que abandonar a los pocos meses, pues en 1992 cambie mi lugar de residencia de Madrid a Santander. Y a lo largo de mucho tiempo practiqué por mi cuenta, instruyéndome con los maestros que tenía a mi alcance, a través de sus libros.

Después estuve con otros muchos profesores de yoga en Santander. Hasta que en 2006 conocí a Pilar Ínigo, maestra de yoga y yogaterapia en Zaragoza, quien me propuso que me preparara como profesora de yoga. En un primer momento esta propuesta me pareció una locura. ¿Para qué iba yo a querer convertirme en profesora de yoga, si ya enseñaba arqueología en la universidad? No obstante, con el tiempo, todo fue encajando. Adentrarse en el yoga no es solamente aprender unas técnicas, es mucho más; significa emprender el camino hacia el desarrollo personal.

Mi iniciación en el yoga fue toda una revelación; llevaba mucho tiempo buscándome a mí misma, a través de diversas disciplinas —en un principio la religión (cristianismo), luego la sanación, aprendiendo diversas técnicas («Mind Control Método Silva» o «Reiki Método Ushui Tibetano»)— pero ninguna me daba las respuestas apropiadas que buscaba. A ello se sumaba mi interés por la historia como arqueóloga. De alguna manera, mi preparación me permitió excavar en el pasado las cuatro grandes cuestiones que se plantean la mayoría de los seres humanos:

* ¿Quién soy?
* ¿De dónde vengo?
* ¿A dónde voy?
* ¿Cuál es mi propósito en la vida?

Ahondar en la antigua filosofía del yoga me abrió las puertas hacia un infinito mar de conocimiento. Así fue como, después de ser practicante durante casi veinte años, decidí dar un paso más y realizar la formación como profesora. Ello suponía un mayor compromiso en el camino que había iniciado sobre la búsqueda de mi propia identidad. Así fue como me preparé en España para ser profesora de yogaterapia (2008-2012) y en la India como profesora de yoga y meditación (2009-2011).

Mi viaje interior acababa de comenzar. Dejaba atrás muchos años de búsqueda e infinidad de viajes (India, Egipto, Túnez, Marruecos, Turquía, Sahara, México, Italia, Francia, Reino Unido, Países Bajos, Portugal, etc.), a través de los cuales quería llegar a comprender mejor las dos cuestiones principales: de dónde venimos y a dónde vamos.

Tal como describe el filósofo egipcio Hermes Trismegistro, en el *Kybalión*: Lo mismo es afuera que adentro». Y cuando iniciamos este camino interior, muchos son los viajes externos asociados a él, hasta que llega un momento en que nos damos cuenta de que ya no es necesario seguir viajando, porque todas las respuestas están en nuestro interior. Es el tiempo de reflexionar, de escucharnos a nosotros mismos.

Nuestra sociedad occidental potencia el HACER sobre el SER; por lo tanto, de algún modo consagramos parte de nuestra vida a conseguir mayor reconocimiento social. Primero obtenemos un estatus a través de los estudios y de los títulos, luego otra parte de nuestra vida se va centrando en conseguir mayor confort físico, así que procuramos ganar mucho dinero para tener nuestras necesidades bien cubiertas. Pero cuando seguimos por el camino del HACER, observamos, no sin cierto estupor, que en realidad todo lo que venimos desarrollando desde hace tiempo no nos satisface, porque siempre buscamos algo más que nos ayude a ser felices.

El problema surge cuando intentamos buscar la FELICIDAD solo por este camino, desatendiendo el camino del SER. Así pues atesoramos libros, ropa, objetos, viajes, experiencias; buscamos casas cada vez más grandes y confortables, mejores

El que vive en armonía consigo mismo vive en armonía con el mundo.

MARCO AURELIO

coches, etc. Pero todo ello no hace más que atraparnos en ese viaje exterior del cambio hacia una felicidad que no llega. Hasta que nos damos cuenta de que todo ese movimiento externo no solo no nos da la felicidad, sino que nos la roba, ya que pasamos a ser esclavos del dinero y por lo tanto cada vez disponemos de menos tiempo para vivir nuestra vida.

Normalmente esta situación suele estallar y se produce una crisis vital (enfermedad, accidente, muerte, separación, etc.) que nos hace enfrentarnos a nuestro propio SER.

A partir de entonces, se inicia el verdadero viaje interior, no hay que buscar nada hacia afuera, sino hacia adentro. El viaje ya ha comenzado y no tiene retorno.

Solo importa lo que somos, no tenemos que HACER nada. Y es ahí donde se establece la primera gran pregunta ¿Quién eres tú?

Ha llegado el momento de desapegarnos de todo nuestro TENER obtenido con el HACER y ahí surge la primera gran crisis de identidad. Si yo no soy arqueóloga, ni madre, ni profesora, ¿Quién soy yo? Para poder encontrar la respuesta, he de ir librándome de la armadura que con tanto esmero he ido construyendo con la falsa identidad del HACER y el TENER. Y llega un momento en que la coraza que nos protegía del exterior cada vez aprieta más y no nos permite fluir con la vida, ya es imposible mantenerla, porque lo que antes nos hacía estar más relucientes ahora nos ahoga. Nuestro SER pugna por salir y mostrarse tal como es.

Hasta entonces vivía con mi falsa identidad construida a partir del EGO, lo que me hacía sentirme el centro del universo y estar separada de los demás seres vivos. Pero eso es un sueño que no era real. Porque en realidad estamos unidos a todo lo que nos rodea de diversas maneras, estamos unidos al aire, lo que nos permite respirar; estamos unidos al sol, lo que nos permite existir; estamos unidos a nuestros semejantes, lo que nos permite permanecer ajenos a los peligros que supondría vivir aislados frente a la naturaleza en estado salvaje, etc.

Todos nosotros somos pura energía que conecta con todos los seres vivos. Es importante pararse y redescubrirse, conocerse a uno mismo. De lo contrario seguiremos corriendo en cualquier dirección y esto se convertirá en un hábito que no podremos parar. Porque al correr uno se siente más vivo y cree que está llegando a alguna parte.

Tu destino está dentro de ti mismo.
Osho

La búsqueda significa capacidad de decisión y la aceptación de asumir el riesgo. Nadie puede decidir por nosotros mismos, a nadie podemos darle ese poder, porque si lo hacemos, nos sentiremos mal, ya que dejamos de SER auténticamente nosotros.

La vida es peligrosa, es un ejercicio de acierto-error. Podemos equivocarnos al tomar nuestras propias decisiones, pero no existe otra manera de avanzar. Solo debemos recordar que estas pruebas que nos ofrece la vida son un gesto de humildad para que seamos conscientes de que NO lo CONTROLAMOS todo y que debemos aprender a dejarnos fluir, y a evitar así cometer los mismos errores una y otra vez.

La búsqueda es difícil porque se desconoce la verdad. Y el buscador tiene que arriesgar toda su vida en ello. Si queremos conocernos a nosotros mismos, no podemos seguir el camino de nadie, tenemos que buscar el nuestro propio. Y para ello es preciso que abandonemos el miedo a sentirnos solos. Debemos CONFIAR en la vida, y de ese modo nos conducirá espontáneamente a la gran VERDAD, la de sentir que todos los seres vivos somos UNO y que estamos todos interconectados, formando una gran familia que recibe el nombre de CONSCIENCIA UNIVERSAL.

El río de la vida fluye hacia el océano; si confías, fluirás en el río.
OSHO

Siguiendo el mapa confeccionado por Robert Fischer en su hermosa obra, *El caballero de la armadura oxidada*, el primer camino que debemos tomar en nuestro viaje interior, es el camino de la VERDAD.

EL CAMINO DE LA VERDAD

En él, nuestro único cometido es aprender a AMARNOS, pero para eso es preciso CONOCERNOS, abrazar a nuestro niño interior, entender quiénes somos y lo que necesitamos.

Esto nos ayudará a no buscar constantemente la aprobación de los demás. Por el hecho de SER, ya somos valiosos. Querernos nos ayuda a irnos aceptando tal y como somos, y nos quita el miedo a estar solos, a enfrentarnos con nosotros mismos, con nuestras heridas y abandonos.

Mientras estás,
nunca estás solo.
La vida te acompaña
JOSÉ MARÍA DE LA FUENTE

Ayer fui inteligente y quise cambiar el mundo, hoy soy sabio y voy a cambiarme a mí mismo.

ANÓNIMO

Presente, pasado y futuro son uno cuando estamos conectados a la Fuente (poder invisible y misterioso que es el origen de todo).

Es necesario vaciarse de la mente porque es la que construyó la armadura y nos atrapó en ella. Tenemos que pasar del PENSAR al SENTIR. Es importante vivir el presente. Nos pasamos el tiempo pensando en lo que hicimos y en lo que vamos a hacer, pero no disfrutamos del momento presente, que es el único que tiene valor, porque es el que vivimos en cada momento.

Las preguntas solo confunden a nuestra mente; cuando dejamos de cuestionarnos las cosas y prejuzgarlas, pasamos a una nueva dimensión: la energía del CORAZÓN. Y desde aquí todas las respuestas llegan solas acompañadas de la mano de la INTUICIÓN.

La VERDAD tiene que ser propia; solo entonces nos liberará. Y para ello hace falta mucha claridad; por eso es tan importante vivir en el PRESENTE, ya que a la mente le gusta divagar aferrándose al pasado y al futuro, y ello produce confusión, porque nos lleva a un estado irreal e imaginario.

> *Solo existen dos días en el año en los que no se puede hacer nada. Uno se llama ayer y otro mañana. Por lo tanto, hoy es el día ideal para amar, crecer, hacer y, principalmente, vivir.*
>
> DALÁI LAMA TENZIN GYATSO

Todos los caminos son verdaderos. Cada uno ha de buscar el suyo propio y comprometerse en la búsqueda, porque si andamos por todos los caminos a la vez, nos perderemos.

El siguiente camino es el del SILENCIO.

El camino del silencio

Para acercarnos cada vez más a nuestro interior es preciso recogerse y estar en silencio, lo que nos permitirá escuchar mejor nuestra voz interna y desarrollar la intuición, que es la que conoce lo que necesitamos en cada momento.

Cuando el silencio aparece, se transforma la vida.
Padre Manuel J. Fernández Márquez

Para saber quiénes somos, solo tenemos que cerrar los ojos y sumergirnos en un profundo silencio, así hallaremos el conocimiento de nuestro ser. A través de otra persona nunca obtendremos este conocimiento; como mucho, nos dará una información. Sin embargo, la información que podamos recibir de los demás, tal como explica Ramiro Calle:[1] «No procura dicha estable, ni madurez psicológica, ni avance espiritual». Ahondando en nuestro interior llegaremos a la fuente de la sabiduría, al lugar en el que reside la paz y la plenitud del espíritu.

La meditación es la clave para llegar a nuestro ser, y cuando estemos en silencio contemplando nuestro interior, es vital observar esos intervalos que se producen entre un pensamiento y otro, pues esa es la morada del ser original.

Podemos comparar a nuestro ser con una luna de luz brillante que siempre está presente en nosotros, pero que ha quedado oculta por los constantes pensamientos que nublan la mente. Cuando seamos capaces de que estos pensamientos pasen como nubes en el cielo, sin aferrarnos a ellos, sin

---

1. *El gran libro de la meditación,* p. 27.

fusionarnos con ellos, será fácil ver los destellos de la luna entre pensamiento y pensamiento. Será fácil entrever ese centro en donde reside nuestro SER y que es un lugar especial, que nos proporciona PAZ y GOZO.

El tercer camino es el del conocimiento.

EL CAMINO DEL CONOCIMIENTO

Conocerse uno mismo es la gran VERDAD, y esto mata al miedo y a la duda, que no son más que ilusiones de la mente. Para poder iniciar el cambio hay que aprender a SOLTAR todo lo conocido (identidad, creencias, juicios) y caer en el abismo de lo DESCONOCIDO.

> *Para venir a lo que no sabes,*
> *has de ir por donde no sabes.*
>
> SAN JUAN DE LA CRUZ

El conocimiento sirve para llegar a conocernos a nosotros mismos, pero para ello es imprescindible abandonar los viejos hábitos y crear otros nuevos. Y eso solo se consigue con la disciplina de la práctica meditativa, abandonando las ficciones de la mente y viviendo la realidad del presente.

La meditación significa consciencia. Cualquier cosa que se haga con consciencia, eso es meditación. Lo importante no es la acción, sino el carácter que le demos a la acción. A través de la meditación descubrimos el AMOR hacia nosotros mismos y hacia los demás.

En opinión de Osho, cuando la meditación no se realiza, sino que simplemente ocurre por sí sola, viviendo el presente con plena consciencia, habrá llegado el momento de no necesitar la práctica meditativa, porque nos habremos convertido en seres meditativos.

Hay algunos momentos en los que el AUTOCONOCIMIENTO será duro y laborioso. No podemos enfrentarnos solos a nosotros mismos, por lo que son bienvenidos los compañeros de viaje, muchos de ellos auténticos maestros que nos harán más fácil el recorrido. En muchas ocasiones no entenderemos lo que nos sucede, y hasta que vayamos descifrándolo, no podremos avanzar en nuestro viaje de conocimiento interior.

En este tramo del trayecto lo único que podemos hacer es OBSERVAR, lo que nos permitirá entender cómo somos, para luego sin juicios ni valoraciones INTEGRARLO en nuestra vida y por último conseguir ACEPTAR, con mucho amor, que somos tal como somos, con nuestros defectos y virtudes.

El camino del autoconocimiento nos llevará a conocer y a aceptar mejor a los demás, aceptándoles tal cómo son. Eso nos abrirá la puerta de las EXPECTATIVAS, dejaremos de poner nuestras ilusiones y deseos en los otros, a la espera de que se cumplan nuestros sueños. Porque seremos conscientes de que nadie puede llenar nuestro vacío existencial, ya que los demás están ocupados en llenar el suyo propio.

No puedes depender de otra persona para ser feliz, ninguna relación te dará la paz que tú no hayas creado en tu interior.
ANÓNIMO

La comprensión de que somos responsables de nuestra propia vida y por lo tanto de nuestra propia felicidad nos hará disfrutar de una mayor LIBERTAD. Ya no dependemos emocionalmente de los demás para llenar nuestras carencias y dejamos de mendigar la aprobación de quienes nos rodean, lo que supone una gran LIBERACIÓN. De este modo recuperaremos nuestro PODER interno, y esto nos hará sentir más fuertes y menos vulnerables. Así descubriremos el AMOR a nuestra propia vida y la GRATITUD hacia todos los seres que nos rodean.

La clave para dejarse llevar es la ACEPTACIÓN de lo que somos. Debemos abandonar las dudas y la lucha interna, que no nos hacen avanzar, y centrar nuestro camino en la intuición, que es la llave para llegar al CORAZÓN y a nuestro SER. Y cuando esto sucede, observamos que la UNIDAD es la verdadera naturaleza de la existencia. El reconocimiento de que somos UNO con todos los seres vivos y con el universo nos transforma en la energía sanadora más potente que existe, en AMOR.

Cuanto más nos conocemos, más podemos entender a los demás. Cuando nos queremos y aceptamos, surge el AMOR hacia los demás, se abre nuestro corazón y derrochamos ese precioso néctar que hace que todo se transforme. La alquimia del AMOR es lo único que puede producir cambios en nosotros mismos y en otros seres.

Hacernos sensibles al mundo que nos rodea agudiza nuestros sentidos y nos hace estar vivos, llenos de energía. No hay que temer a la vida; los miedos nos bloquean y nos hacen insensibles para que nadie pueda hacernos daño.

Abandonar la mente y sus ficciones es vivir en la realidad del presente y conectar con todos los seres vivos. El estado de meditación ha de llenar nuestra vida. Meditar es ser consciente de todo lo que nos rodea externa e internamente viviendo el PRESENTE, pero sin hacer juicios ni valoraciones. Es llegar a un punto en que podamos sentirnos a nosotros mismos, en el que nos transformamos en uno con el río de la vida. Ya no

No dependas de los demás. Sé un ser independiente,
escucha tu voz interna.

OSHO

hace falta hacer nada porque la VIDA lo hace todo por nosotros; hay que tener CONFIANZA en ella.

El viaje finaliza con esta sabia REVELACIÓN, el verdadero tesoro está dentro de ti, no fuera. En lo más profundo de tu SER está la vida. Para disfrutarla con plenitud debemos transformarnos en niños inocentes y felices, sin expectativas, viviendo el PRESENTE.

> *En la infancia la consciencia de uno mismo, la del mundo y la de la vida son todavía una sola y única cosa. Este sentimiento de seguridad y de fe primitivas es la expresión de un reposado vínculo con el ser.*
>
> KARLFRIED G. DÜRCKHEIM

Una vez finalizado el viaje, es el momento de atender a la última pregunta: ¿cuál es el propósito de nuestra vida? Y es ahí donde cada uno, con la sabiduría que ha adquirido en el proceso de caminar, puede descubrir su propia respuesta.

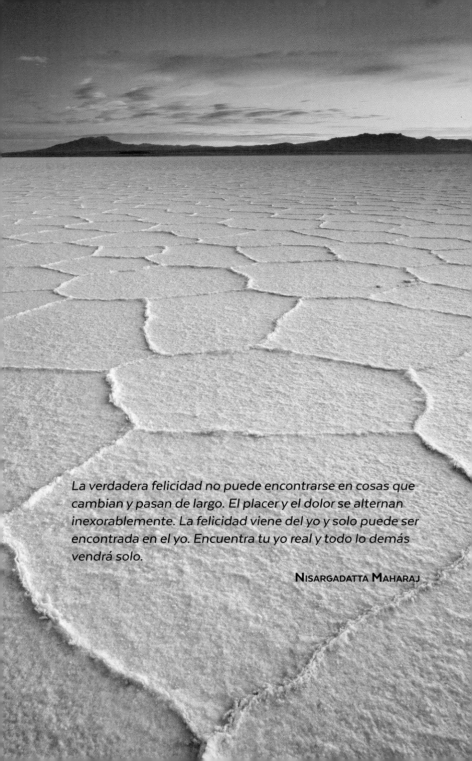

La verdadera felicidad no puede encontrarse en cosas que cambian y pasan de largo. El placer y el dolor se alternan inexorablemente. La felicidad viene del yo y solo puede ser encontrada en el yo. Encuentra tu yo real y todo lo demás vendrá solo.

NISARGADATTA MAHARAJ

Conclusiones: algunas pautas para ser más feliz

Con la práctica continuada de las técnicas meditativas que te ofrezco en este libro, tu vida será más plena y feliz.

La doctora Sonja Lyubomirsky explica en su libro *La ciencia de la felicidad* que se ha comprobado científicamente cómo solo un 10% de nuestra felicidad depende de las circunstancias de nuestra vida, mientras que un 50% es genético y el 40% restante forma parte de cómo entendemos la vida —y eso pasa por nuestra forma de mirarla y los pensamientos que generamos al respecto—. Según A. Killingworth y T. Gilbert, investigadores de la Universidad de Harvard, la mente distraída es una fuente de infelicidad: «Una mente humana es una mente que vaga y una mente que vaga es infeliz». Por eso es tan necesario educar a nuestra mente para que genere pensamientos positivos y deje de juzgar todo lo que acontece, lo que evita que constantemente estemos vagando del pasado al futuro sin rumbo fijo y despreciando el presente. Una frase muy conocida del yogui Swami Sivananda es: «Lo que un ser humano piensa, en eso se convierte». Por eso es imprescindible tener una mente sana.

La felicidad en palabras de Sonja Lyubomirsky es: «La experiencia de alegría, satisfacción o bienestar positivo, combinada con la sensación de que nuestra vida es buena, tiene sentido y vale la pena vivirla».

Para sentirnos bien, además de realizar los diversos ejercicios que se ofrecen en este libro, puedes tener en cuenta las siguientes pautas que te harán vivir más conscientemente el presente y evitar que tu mente se acelere:

* Intenta efectuar las diferentes actividades con mayor lentitud: andar, hablar, comer, las tareas de la vida cotidiana...
* Procura hacer una sola cosa cada vez. Reduce la multitarea.
* Céntrate en tu respiración mientras realizas las actividades cotidianas.
* Chequea tu cuerpo físico y evita toda tensión innecesaria.
* Simplifica tu vida no comprometiéndote a realizar aquello que no puedes llevar a cabo.
* Sé realista y observa la capacidad que tienes para desarrollar tu agenda diaria. No anotes más de lo que en realidad puedes abarcar o de lo contrario surgirá la frustración.

DIEZ PASOS PARA LOGRAR LA FELICIDAD

1. Desdramatiza con humor: no te indignes

Las personas felices ríen a menudo y se ríen de sí mismas porque nadie es perfecto. La clave para saber si estamos bien es si sonreímos. Es más, recientes investigaciones han descubierto que aunque nos sintamos mal, si sonreímos, creamos igualmente endorfinas (las hormonas de la felicidad), que al momento nos ayudan a encontrarnos mucho mejor.

2. No te tomes nada como algo personal: no existe el enemigo

Atención con nuestros pensamientos, porque estos son los que nos confunden y alteran nuestro modo de ver la vida. Los problemas que tengan los demás no van contra ti; ellos están ocupados, como tú, en resolver sus conflictos de la mejor manera que conocen. Todos los seres humanos buscamos la felicidad y evitamos el sufrimiento.

3. Ten control: sé moderado

Sé moderado en tus actos diarios: comiendo, hablando, bebiendo, comprando, durmiendo, etc. Como dice Mario San Miguel en su libro sobre la felicidad: «Es sencillo ser feliz, lo difícil es ser sencillo». Cuantos más deseos y apegos tengamos, más sufriremos pensando en que podemos perderlos.

4. Visualízate en positivo: creer es crear

Las personas con el hábito de soñar tienen más probabilidades de alcanzar sus sueños. Para conseguir nuestros objetivos es conveniente visualizarlos primero, como si se hubieran realizado, y luego ir dando pequeños pasos en esa dirección.

5. Cuídate: mantén tu cuerpo y tu mente en óptimas condiciones

Haz deporte, camina a diario, duerme bien, cuida de tu higiene personal y medita todos los días.

6. Sociabilidad: cultiva las relaciones sociales

Dedica tiempo a otras personas, esa es una de las herramientas más eficaces para sentirte bien. Nuestra vida no tendría mucho sentido si no pudiéramos compartirla con nadie.

7. Expresa tus sentimientos: a personas que te quieren

Decirles a las personas de confianza que nos quieren cómo nos sentimos nos ayudará a relativizar los problemas, al tiempo que crea lazos sólidos de amistad.

8. Ten gratitud: da gracias por sentirte vivo

Cada vez que damos las gracias, algo cambia en nuestro interior y nos sentimos mejor.

9. Desarrolla la aceptación: nosotros no tenemos el control de todo lo que nos sucede

Pensar que tenemos el control sobre nuestra vida y la de los demás es una fuente de gran sufrimiento.

10. Ama: desarrolla un amor incondicional

Hacia ti mismo en un principio y hacia los demás después. Si no somos capaces de amarnos a nosotros mismos, ¿cómo podremos desarrollar el amor hacia los demás?

Por último quiero compartir contigo un precioso mantra que me enseñó mi maestra de yoga,[1] es el mantra de las tres S: «Sentir, soltar, sonreír», que resume muy bien lo que

---

1. Pilar Íñigo, maestra de yoga y yogaterapia, por la Asociación Española de Practicantes de Yoga (AEPY).

acabo de explicar. El primer verbo, «sentir», habla de que no debemos atender a nuestros pensamientos, ya que nos llegan a confundir, sino a las emociones que se alojan en nuestro cuerpo, que son las claves para descifrar lo que necesitamos en cada momento —de alguna manera, debemos pensar del cuello para abajo—. En la palabra «soltar», se cristaliza la necesidad de vivir una vida sencilla, al mismo tiempo que nos deshacemos de todo aquello que no nos pertenece y que nos hace desdichados: opiniones ajenas, prejuicios, etc. Soltar este lastre nos hace ser más flexibles ante los diversos avatares de la vida, y evita mucho sufrimiento. Por último, «sonreír», favorece el hecho de ver las cosas con ese punto de humor necesario para salir a flote.

El milagro no es volar en el cielo o andar en el agua, sino caminar en el suelo.

PROVERBIO CHINO

Bibliografía

LECTURAS EMPLEADAS EN LA ELABORACIÓN DEL TEXTO

ADYASHANTI, *Meditación Auténtica*. Gaia Ediciones, Madrid, 2008.

CARDICHI, P. J.: Cómo eliminar el estrés. Editorial Cultural S. A., Valencia, 2005.

DAVIDSON, RICHARD y JON KABAT-ZINN, *L'esprit est son prope médecin*, Les Arénes, Francia, 2014.

DE LA FUENTE, JOSÉ MARÍA, *Libro*, Ediciones La Tempestad, Barcelona, 2005.

DÜRCKHEIM, KARLFRIED G., *Hacia la vida iniciática: meditar por qué y cómo*. Editorial Mensajero, Bilbao, 1989 (3.ª ed.).

DÜRCKHEIM, KARLFRIED G., *El Camino interior*. Editorial Mensajero, Bilbao, 1989, (3.ª ed.).

FERNÁNDEZ MÁRQUEZ, MANUEL J., *Vida y Contemplación*, Editorial San Pablo, Madrid, 1988 (84.ª ed.).

FISHER, ROBERT, *El caballero de la armadura oxidada*. Editorial Obelisco, Barcelona, 2009 (20.ª ed.).

GONZÁLEZ, COSTANZA, *Meditar está chupao: Información para personas a las que les pica el gusanillo de saber qué es eso de la meditación*, www.meditarestachupao.blogspot.com.es, consultado el 23/02/2015.

HARRISON, ERIC, *Aprenda a meditar*, 1993. «ELEVEN» Biblioteca del Nuevo Tiempo, libro *online*, descarga gratuita en: www.e-book-tutoriales.blogspot.com.

Inspirulina (www.inspirulina.com), *10 razones para meditar*. Meditación Mundo sin igual, 25/10/2015

KABAT-ZINN, JON, *Mindfulness en la vida cotidiana: dónde quiera que vayas ahí estás*. Editorial Paidós, Barcelona, 2013 (5.ª ed.).

KORNFIELD, JACK, *Meditación para principiantes*. Editorial Kairós, Barcelona, 2012.

LÜRDES, EILEN, «La evidencia se basa en que la meditación fortalece el cerebro, dicen los investigadores de UCLA», en *Ciencia y Tecnología Universidad de UCLA*, 14/03/12, www.newsroom.ucla.edu/releases/evidence-builds-that-meditation-230237, consultado el 24/05/15.

LYUBOMIRSKY, SONJA, *La ciencia de la felicidad*. Editorial Books4pocket, 2011.

MARTÍN, CONSUELO, *El Arte de la Contemplación*. Gaia Ediciones, Madrid, 2007.

MORA ZAHONERO, FERNANDO, *San Juan de la Cruz. Monte de la contemplación*, www.yoganatural.blogspot.com, consultado el 20/5/2015.

OSHO, *Meditación hoy*. Gaia Ediciones, Madrid, 2010.

———, *La Búsqueda. Charlas sobre los diez toros del zen*. Editorial Edaf

PERAGÓN ARJUNA, JULIÁN, *Meditación Síntesis*. Editorial Acanto, Madrid, 2014.

RICARD, MATTHIEU, *El arte de la meditación*. Ediciones Urano S. A., Barcelona, 2011.

SÁEZ, CRISTINA, «Meditación para potenciar el cerebro», *La Vanguardia*, 28/09/12 www.lavanguardia.com/estilos-de-vida/20120928/54351952597/meditacion-para-potenciar-el-cerebro.html#ixzz3RMfUjK00/

SANZ ELENA, *Cinco beneficios de meditar*. Muy interesante (www.muyinteresante.es), 05/07/2012.

SHAKTI, GAWAIN, *Visualización creativa*. Editorial Sirio, 2003.

SAN MIGUEL MONTES, MARIO, *La fabulosa fórmula de la felicidad*. Gráficas Copisán, Santander, 2013.

Thich Nhat Hanh, *Hacia la paz interior*. Ediciones Debolsillo, Barcelona, 2012.

LECTURAS RECOMENDADAS

CALLE, RAMIRO, *El dominio de la mente*. Editorial Temas de Hoy, Madrid, 2001 (2.ª ed.).

CALLE, RAMIRO, *El gran libro de la meditación*. Editorial Planeta S. A. Barcelona, 2015.

D'ORS, PABLO, *Biografía del silencio: breve ensayo sobre la meditación*. Ediciones Siruela, Madrid, 2014.

FERNÁNDEZ ROSEÑADA, ANDRÉS, *La meditación: la atención plena y sostenida en el presente*. Dilema Editorial, Madrid, 2009.

FRAILE, MIGUEL, *Más allá del Yo*. Mandala Ediciones, Madrid, 2012.

GALBRAITH, PAUL, *Meditar para rejuvenecer*. Actualidad Editorial, México, 1998.

GAUDING, MANONNA, *La biblia de la meditación: guía esencial para la meditación*. Gaia Ediciones, Madrid, 2012.

HANSON, RICK Y RICHARD MENDIUS, *El cerebro de Buda*. Editorial Milrazones, 2012, Santander (2.ª ed.).

IGLESIAS, JUAN IGNACIO, *La meditación deconstruida*. Editorial Kairós, Barcelona, 2007.

KEMPTON, SALLY, *El placer de meditar*. Editorial Sirio, Málaga, 2012.

KERSTIN, GOTTFRIED, *99 maneras de ser feliz*. Editorial Globus, Barcelona, 2005.

SESHA, *Meditación teoría y práctica*, libro electrónico gratuito, 2014. www.vedantaadvaita.com.

TAN KENG KHOO, *Meditación de discernimiento*, *Vipassana*. www.acharia. org.

WEISS, BRIAN, *Meditación*. Ediciones B. S. A., Barcelona, 2003.

Música para meditar

La mejor música para meditar es aquella que nos devuelve a nuestro estado de paz interior. Escuchar música con estas características nos ayuda a conectar con nuestro estado natural de calma. Cada uno debe buscar la suya propia, aquella que más le reconforta. A modo de sugerencia, cito algunos artistas que suelo utilizar en mis talleres. Aquí no incluyo la música instrumental, porque existen numerosísimos temas y autores que cada uno ha de ir eligiendo en función de sus gustos. Si sirve de ejemplo, durante muchos años yo estuve escuchando diferentes piezas de música clásica para mis meditaciones.

Una de las músicas que más utilizo son los mantras. Se trata de sonidos en sánscrito que se refieren a fonemas o palabras que inducen a la relajación mental. También empleo música celta.

MANTRAS

* Ashana
* Craig Pruess

* Dechen Shak-Dagsay
* Deva Premal
* Mirabai Ceiba
* Nirinjan Kaur
* Regula Curti
* Sawani Shende-Sathaye
* Simrit Kaur
* Snatam Kaur

MÚSICA CELTA

* Enya
* Clannad
* CelticWoman
* Loreena Mckennitt
* Marie Brennan
* Moya Brennan
* Secret Garden

Sobre la autora

ARQUEOLOGÍA

* Es Doctora en Geografía e Historia, en la especialidad de Arqueología, y en la actualidad trabaja como Profesora Titular de Arqueología en la Universidad de Cantabria, donde desarrolla su actividad docente e investigadora a la que lleva dedicada treinta años.

* Ha publicado cinco libros relacionados con la arqueología (*Estudio sobre el ritual funerario en las necrópolis fenicias y púnicas de la Península Ibérica*, 1990; *Las Terracotas Arquitectónicas en la Hispania Citerior: La Tarraconense*, 1996; *Arqueología experimental: La manufactura de terracotas en época romana*, 1998; *Arqueología experimental en la Península Ibérica. Investigación, Didáctica y Patrimonio*, 2007; *Los materiales de cerámicos de cubrición en la Cantabria romana*, 2009) y más de un centenar de artículos en congresos y revistas especializadas.

MEDITACIÓN Y YOGA

* Se formó como profesora de Hatha Yoga (Sivananda) y Ashtanga Yoga (Pattabhi Jois) en el 2009, por la International Society of Vedic and Yogic Sciences, en Dharamsala (ciudad espiritual del Dalái Lama) dirigida por el yogui Sivadas y reconocida por la International Yoga Alliance, en Arlington, Virginia.

* En 2011 obtiene el título de Profesora de Yoga Clásico (Satyananda) y Yogaterapia por la Escuela de Yoga y Psicología Transpersonal de Pilar Íñigo en Zaragoza, certificada por la Asociación Española de Practicantes de Yoga (AEPY), entidad miembro de la Unión Europea de Yoga y (UEY) por la Federación Española de Yoga Satsanga (FEYS).

* Se ha especializado en técnicas meditativas, a lo largo de su formación como de profesora de yoga y luego por la Escuela Internacional de Oshodhara en Delhi (India), desde el 2009 hasta el 2014.

* Está formada en Terapia Ayurveda, por la Kerala Ayurvedic Health Care, en Delhi (India), en Julio del 2009.

* Iniciada en los Tres Niveles de Reiki, por la Escuela Usui Shiki Ryoho de Japón (2009, 2012 y 2013).

* Desde 2013 ha impartido diversos cursos y talleres de meditación, en los cursos de formación del personal sanitario del Hospital Psiquiátrico Infanto-juvenil de Burges, en Francia.

* Imparte cursos, talleres y conferencias sobre meditación y yoga por toda España. Y ha escrito diversos artículos relacionados con ello.

* En la Universidad de Cantabria ofrece desde hace varios años talleres de: *Técnicas para superar el estrés y mejorar el rendimiento intelectual*, que son cursos de formación, destinados a los docentes, investigadores y personal administrativo de la Universidad.

MUJER E INFANCIA

* Es autora de dos libros relacionados con la lactancia materna (*Lactancia Materna un Reto Personal*, 2009, 7ª edición y *Lactancia Materna y Gupos de Apoyo*, 2004), de la que fue fundadora y presidenta del Grupo del Apoyo a la Lactancia Materna en Cantabria «La Buena Leche» a lo largo de catorce años. Tiene más de medio centenar de artículos publicados en congresos y en revistas especializadas sobre dicha temática.

* A lo largo de tres años impartió Cursos de Capacitación en Lactancia Materna para el personal sanitario en diversos hospitales del país.

* Recientemente ha publicado un libro con cuentos infantiles (*Cuentos para Soñar*, 2012), relacionado con su actividad como vocal en UNICEF-Cantabria, en donde trabajó como voluntaria durante diez años y fue «Representante de Educación para el Desarrollo» y del «Área Materno Infantil».

* Es colaboradora y tertuliana habitual de diversos espacios de Radio: Onda Cero, Radio Camargo y Radio OID, Dime Radio, para temas relacionados con la Mujer, la Infancia y el cine.

DIRECTORA Y GUIONISTA DE CINE DOCUMENTAL

* Es directora y guionista de cinco películas documentales. Dos de ellas sobre arqueología y el resto sobre el universo femenino. Cuyos títulos y palmarés son los siguientes:

— *Experimentando en Arqueología Construyendo un Tejado Romano*, 2007.

— Fue elegida por el Instituto Cervantes para representar a España en la I Muestra de Cine Arqueológico de Belgrado (Servia).

— *Mujeres Mano a Mano*, 2006.

— Premio Mejor documental Soto Cine 06, en la 5ª Muestra de Largos y Cortos de Cantabria. Abril 2006.

— Premio Documental Universitario II Certamen de Cortos Universidad de Cantabria. Septiembre 2006.

— *Buena Leche: Lactancia y Vida*, 2007.

— Premio Documental Universitario III Certamen de Largos y Cortos Universidad de Cantabria. Septiembre 2007.

— *Vida en las Termas*, 2007.

— Premio Documental Universitario IV Certamen de Largos y Cortos Universidad de Cantabria. Septiembre 2008.

— Premio Mejor documental Soto Cine 06, en la 7ª Muestra de Largos y Cortos de Cantabria. Abril 2008.

— *Ellas Hablan de Sexo*, 2014.

— XI Premio Internacional del Festival de Cine Social de Castilla-La Mancha. Toledo 2014.

Unas palabras de agradecimiento

Quiero expresar mi agradecimiento a las diversas personas que me han ayudado en este caminar, especialmente a Pilar Ínigo, sabia maestra que me ha mostrado con su ejemplo todo aquello que me era preciso conocer. A José Luis Azón, Paco Margallo y Silvia Mancebo, terapeutas que me acompañaron en el difícil tránsito de mi propio desarrollo personal.

A todos mis alumnos de meditación y yoga, en especial a Reme y Chema, quienes me dieron la idea de escribir un libro de estas características.

A mi gran amigo el doctor Michel Hénin, quien ha realizado el prólogo de la obra y me ofreció la posibilidad de que impartiera talleres de meditación en el entorno hospitalario francés.

A mis queridos amigos Joan, Jose, Kin y Juan Miguel, quienes en un principio me ofrecieron sus fotos desinteresadamente, para hacer realidad que este libro fuera un poco más bello.

A mis amigos Tina, Isidro, Óscar, Lucía, Liviu, Fernando, Idoia, Belén, Íñigo y Asier, por su apoyo incondicional.

A mis mascotas: a mi perrita Linda y a mi gata Bichi, animales sensibles y cercanos que me ofrecen todo su amor y compañía silenciosa.

Índice

Los audios están disponibles en las siguientes páginas web:
Página web de Editorial Sirio (www.editorialsirio.com)
Youtube (goo.gl/GsvXos)
iVoox (goo.gl/98jjfr)